PASTORAL DIGITAL: UMA MUDANÇA PARADIGMÁTICA

JOANA T. PUNTEL, FSP
MARCUS TULLIUS

PASTORAL DIGITAL: UMA MUDANÇA PARADIGMÁTICA

EDITORA SANTUÁRIO
Paulinas

Dados Internacionais de Catalogação na Publicação (CIP) de acordo com ISBD

P984p Puntel, Joana T.

Pastoral digital uma mudança paradigmática / Joana T. Puntel, fsp, Marcus Tullius. - Aparecida : Editora Santuário, 2025.
104 p. ; 14cm x 21cm.

ISBN 978-65-5527-523-0
978-65-5808-369-6 (Paulinas)

1. Religião. 2. Cristianismo. 3. Pastoral. 4. Mundo digital. 5. Inteligência Artificial. 6. Igreja. I. Tullius, Marcus. II. Título.

2025-3094 CDD 230
CDU 23

Elaborado por Vagner Rodolfo da Silva - CRB-8/9410

Índice para catálogo sistemático:
1 . Religião : Cristianismo 230
2. Religião : Cristianismo 23

1ª impressão

Paulinas
Rua Dona Inácia Uchoa, 62
04110-020 – São Paulo – SP (Brasil)
Tel.: (11) 2125-3500
paulinas.com.br – editora@paulinas.com.br
Telemarketing e SAC: 0800-7010081
Direção Editorial: Ágda França

Rua Pe. Claro Monteiro, 342 – 12570-045 – Aparecida-SP
Tel.: 12 3104-2000 – Televendas: 0800 - 0 16 00 04
www.editorasantuario.com.br
vendas@editorasantuario.com.br

Dedicamos este livro à memória do Papa Francisco,
pastor da escuta e do discernimento,
comunicador exemplar,
que ensinou a Igreja a caminhar junto
como Povo de Deus,
a sonhar com uma fraternidade universal
e a habitar, com ternura e coragem,
os territórios complexos de nosso tempo.

Sua voz profética, seu coração samaritano
e sua abertura ao Espírito criativo
inspiraram-nos a crer que também
o ambiente digital
pode ser lugar de encontro, evangelização
e comunhão.

Este livro deseja continuar,
em comunhão com tantos outros,
seu legado de esperança, diálogo e humanidade.

UMA VIDA DOADA À COMUNICAÇÃO

Este livro nasce no ano em que Irmã Joana Puntel celebra 80 anos de vida. Uma vida fecunda, marcada pelo serviço à Igreja, à comunicação e à formação de gerações de comunicadores e agentes pastorais. Nestas oito décadas de presença generosa, abertura ao Espírito e muita ternura, a maior parte Irmã Joana se dedica à comunicação como consagrada, como jornalista, como uma das mais importantes pesquisadoras entre comunicação e religião no Brasil, reconhecida por seu pensamento lúcido e compromisso com o anúncio do Evangelho em diálogo com as linguagens do tempo presente.

Ao longo de décadas, construiu um legado sólido que entrelaça o rigor acadêmico com a paixão evangelizadora. Soube acompanhar a evolução da comunicação e seus processos e, com criatividade pastoral, propôs caminhos que partem da centralidade do Evangelho em chave missionária. Sua contribuição foi e é determinante para que a Igreja compreendesse e compreenda a comunicação não apenas como uso de meios, mas como experiência de encontro, escuta e diálogo com a cultura contemporânea.

Escrever este livro ao seu lado é também uma forma de celebrar seu legado, reconhecer sua contribuição insubstituível e agradecer sua disposição incansável de semear, partilhar e inspirar. Neste marco dos seus 80 anos, esta simples página é um reconhecimento justo ao seu trabalho, em chave de homenagem e gratidão. Que sua vida continue iluminando caminhos para uma pastoral cada vez mais encarnada, sensível e profética nas estradas físicas e digitais.

Marcus Tullius

"Quando falo de estrada penso nas estradas do mundo onde as pessoas vivem: é lá que as podemos, efetiva e afetivamente, alcançar. Entre estas estradas estão também as digitais, congestionadas de humanidade, muitas vezes ferida: homens e mulheres que procuram uma salvação ou uma esperança. Também, graças à rede, pode a mensagem cristã viajar 'até aos confins do mundo' (At 1,8)."

(Papa Francisco, *Mensagem para o 48º Dia Mundial das Comunicações Sociais*, 2014)

Lista de abreviaturas e siglas

ChV – *Christus Vivit*
DA – Documento de Aparecida
DF – Documento Final do Sínodo
EG – *Evangelii Gaudium*
FT – *Fratelli Tutti*
IA – Inteligência Artificial
LS – *Laudato Si'*

Sumário

Prefácio

ANIMAÇÃO DIGITAL DA PASTORAL
por meio da Pastoral Digital

Eis em nossas mãos um livro esperado pela força de sua necessidade e urgência. Quem, em sã razão pastoral-evangelizadora, ainda não se perguntou como integrar o digital, entendido como uma dimensão, na ação da Igreja no mundo, onde o Reino de Deus deve tornar-se presente? Quem ainda não se perguntou por uma pastoral digital ou pelo digital na pastoral?

Este é um livro pequeno e robusto; simples e profundo; intuitivo e assertivo. É resultado de pesquisa e debates inteligentes sobre a complexidade que é o processo veloz de digitalização no e do mundo, dando-nos a chance de explorar um neologismo, que pode parecer exagerado, mas não é: a "digitalidade" como elemento da vida como ela é vivida hoje; é a qualidade do que é digital, que se refere à excelência e precisão de conteúdos e experiências criadas e consumidas em ambientes digitais e também clareza, resolução, design, usabilidade, musicalidade, imagética, interfaces e, sobretudo, à condição de viver em uma cultura digital, que define o modus operandi e principalmente o modus vivendi, sob a influência e o impacto das tecnologias digitais no cotidiano e na sociedade.

É mais um trabalho de qualidade de duas personalidades no mundo da comunicação: de Ir. Joana Puntel, fsp, consagrada pesquisadora e professora sênior na área de comunicação, com muitos lastros internacionais e de Marcus Tullius, pesquisador inquieto em comunicação e veloz nos trabalhos comunicacionais e assessorias em todo o Brasil e na América Latina; servidor da Caritas latino-americana e caribenha. São amigos entre si e cúmplices na missão de evangelizar na contemporaneidade, com vasto uso da comunicação. Possuem uma longa folha de serviços que vai de publicações à animação e formação dos agentes da Pastoral da Comunicação, a famosa PASCOM, própria da experiência eclesial do Brasil, com grande capilaridade.

O Capítulo seis e último, intitulado "Caminhos para uma pastoral digital", é o capítulo em que, com os pés no chão digital da vida e da comunidade eclesial, os autores nos brindam com quatro itens que se atrevem a estabelecer a pastoral digital onlife e os descrevem, como quem "desliza" nas pistas digitais dos múltiplos territórios existentes a nos desafiar. Apresentam o requintado e acessível conceito de pastoral digital, que precisa integrar nosso vocabulário e nossa práxis, de modo que as ações pastorais das juventudes, do povo em situação de rua, do dízimo, dos grupos marginalizados, da catequese, do anúncio querigmático, da liturgia das ações missionárias e tantas outras, sejam realizadas na era da hiperconectividade. Os autores comprometem a pastoral com a comunidade, que precisa tomar conhecimento e consciência do onlife. Eles traçam um interessante itinerário do discernimento digital de forma inovadora, sem se afastarem do "método da audácia cristã", assim como eu defino o método ver-julgar-agir, que também deve ganhar sua versão digital, por se tratar do método que mais estimula a vida à luz da fé. E por fim, seguem as pistas de ação para a pastoral digital. Não são propriamente "passos" a serem dados, mas ações a serem desenvolvidas enquanto a pastoral vai se iniciando, se desenvolvendo e produzindo frutos.

Se você, leitor perspicaz, daqueles que têm a curiosidade como aliada do conhecimento, quiser ler primeiro o capítulo seis, leia-o. Depois tome os outros cinco na ordem do sumário e você verá como a reflexão anterior deságua na proposta da pastoral digital.

Assuntos atualíssimos e saborosos são tratados ali, tais como:

1) a mudança de época que nos ressitua e nos ressignifica quase totalmente. A mudança de época já se deu, ainda que essa mudança não tenha sido completada, a época de hoje já é outra, sem similar na história, a realidade é outra, o mundo é outro, o planeta é outro, as pessoas são outras. Não há dúvida nisso!

2) O onlife que institui nossas relações e nos possibilita a todos uma cultura digital, porque todos fazem a experiência ou sofrem as consequências da realidade totalmente conectada, de tal forma que se esmaecem as distinções entre o mundo físico e o virtual.

3) A missionariedade da Igreja, que se fortalece toda vez que pratica o humanismo cristão, cuja base é a boa-

-nova do Evangelho do Reino de Deus, anunciado com palavras, gestos, atitudes e com a própria vida, por Jesus Cristo.

4) A arte de pregar e exercitar exaustivamente o diálogo entre todas as partes, especialmente com os novos contextos, certos de que temos muito a aprender e muito a ensinar, tornando o processo dialógico uma troca de dons, de partilha e efetiva repartição, de reciprocidade e de disposição em sermos um em nossas diferenças.

5) A tão amada e tão odiada "inteligência artificial", que desinstala a todos e provoca uma comoção em todos os segmentos da sociedade, ao mesmo tempo, apresenta-se carente de princípios éticos norteadores para que ela faça o bem e colabore com o desenvolvimento da humanidade e do planeta de forma justa, sustentável, capaz de socializar todos os seus benefícios. É agora a hora de dar inteligência à inteligência artificial, para que ela rompa o processo de cooptação por parte dos que, inescrupulosamente, detêm o poder econômico, político, tecnológico e sobre a vida das pessoas, a que está submetida. É agora a hora de fazer a inteligência artificial atuar com inteligência a serviço do bem comum, da função social da propriedade e a destinação universal dos bens.

Ao final, você desejará ler, novamente, com atenção mais calibrada, o capítulo seis, com muito mais proveito.

Ao prefaciar este livro fiquei pensando, desde o início em propor uma distinção colaborativa entre a pastoral digital, proposta pelos autores, e a animação digital da pastoral: a primeira desenvolve ações de formação, de inclusão de elementos norteadores por meio do magistério da Igreja sobre o assunto, fomenta e exercita diálogos, aprofunda a sabedoria do povo de Deus em seus processos relacionais e comunicacionais, engaja pessoas, explora meios e técnicas disponíveis abundantemente; a segunda, quando falamos de animação digital da pastoral, de toda a pastoral, significa não só um conjunto de ações a serem desenvolvidas, mas despertar a "digitalidade" que existe em cada um, digamos assim. Assim como todos os agentes pastorais, educadores da fé, ministros leigos e leigas, consagrados e consagradas, e ordenados, em sua missão evangelizadora, precisam cuidar da justiça e da paz, da misericórdia e do diálogo, dos instrumentos e ferramentas disponíveis à evangelização, da formação e da pedagogia pastoral, precisam cuidar da dimensão digital de suas ações, da conectividade, do alcance da mensagem cristã, da garantia ética e moral do que passa pelas estradas digitais ou do que é desenvolvido em ambientes digitais.

Entender, implementar e fazer funcionar uma "pastoral digital" implica reconhecer o digital presente no conjunto da comunidade de fé e, portanto, assumir a "animação digital da pastoral".

Dom Joaquim Giovani Mol Guimarães
Bispo de Santos, SP

Introdução

Vivemos uma mudança de época. Não se trata apenas de uma transformação tecnológica, mas de uma reconfiguração profunda das relações, da cultura e da própria experiência de fé. A digitalização da vida está moldando a maneira como as pessoas se conectam, pensam, decidem, buscam sentido e constroem vínculos. O ambiente digital não é apenas um espaço de comunicação, mas um novo ambiente de vida – o mundo *onlife* –, onde a Igreja é chamada a habitar, discernir e anunciar o Evangelho.

O Papa Francisco, durante seu pontificado, insistiu profundamente na conversão pastoral e na instalação de processos em chave missionária. Em sua primeira e paradigmática exortação apostólica *Evangelii Gaudium*, publicada em 2013, encontramos a afirmação de um sonho – sim, um Papa que sonhou e fazia questão de dizer seus sonhos! – com um grande propósito eclesial: "Sonho com uma opção missionária capaz de transformar tudo, para que os costumes, os estilos, os horários, a linguagem e toda a estrutura eclesial se tornem um canal proporcionado mais à evangelização do mundo atual que à autopreservação" (EG, 27). Esse sonho, sustentado pelo discernimento e pela escuta dos sinais dos tempos, inspira uma presença da Igreja mais próxima e mais ousada – capaz de falar ao coração do mundo com compaixão e esperança.

No mesmo parágrafo, Francisco dá o tom desta reforma das estruturas: "fazer com que todas elas se tornem mais missionárias, que a pastoral ordinária em todas as suas instâncias seja mais comunicativa e aberta, que coloque os agentes pastorais em atitude constante de 'saída' e, assim, favoreça a resposta positiva de todos aqueles a quem Jesus oferece sua amizade" (*ibid.*). Trata-se de um chamado claro para que toda a ação eclesial esteja a serviço da missão, evitando o risco de se fechar em estruturas autorreferenciais ou obsoletas.

É um grande desafio que só pode ser assumido – e concretizado – com fidelidade ao Evangelho e com coragem, propondo uma pastoral em saída, atenta aos clamores do mundo e sensível às novas linguagens e dinâmicas culturais.

Este livro nasce desse desafio e da inquietude de dois corações. Ele parte da constatação de que a pastoral, para continuar fiel ao Evangelho, precisa dialogar com o contexto. Isso significa não apenas utilizar novas ferramentas, mas repensar sua lógica, sua linguagem, sua pedagogia e sua presença no mundo digital. A pastoral digital, tal como aqui propomos, é muito mais do que ativar perfis ou digitalizar conteúdos: é um modo renovado de habitar o espaço público, formando comunidades conscientes, exercendo discernimento crítico e anunciando o Evangelho com criatividade e responsabilidade, sem perder de vista que esta é a única missão da Igreja.

Inspirada, principalmente, no magistério do Papa Francisco e já vislumbrando as preocupações e primeiros sinais do pontificado do Papa Leão XIV com as questões digitais, nas contribuições de teólogos, comunicadores e pesquisadores da cultura digital, esta obra propõe uma reflexão profunda e propositiva. Os capítulos percorrem desde a compreensão do novo ambiente comunicacional, passando pela escuta dos documentos da Igreja, até a construção de caminhos concretos para uma pastoral digital que seja profética, ética e sociotransformadora.

1. Uma mudança de época e a pastoral em processo

A Igreja não vive à margem da história e, em seu caminho rumo ao Reino definitivo, experimenta "as alegrias e esperanças, tristezas e angústias dos homens de hoje"[1]. Em cada época, é chamada a discernir como tornar visível e credível o Evangelho, anunciando-o de cima dos telhados (cf. Mt 27,10) e fazendo-o chegar a todas as criaturas (cf. Mc 16,15).

As mudanças são necessárias e conforme o Papa Francisco destacou insistentemente no discurso à Cúria Romana para apresentação dos votos natalinos, em 2019, estamos em um dos momentos cruciais da história, em que as mudanças já não são mais lineares, constituindo-se, assim, em uma *mudança de época*. Nesse discurso, a palavra mudança é mencionada 25 vezes e, segundo o pontífice, não se trata apenas mudar para sair do estado anterior, mas "a humanidade é a chave com que ler a reforma. A humanidade chama,

1 Constituição Pastoral *Gaudium et Spes*, n. 1.

interpela e provoca, isto é, chama a sair para fora e não temer a mudança"[2].

Essa mudança não é apenas uma aceleração de processos anteriores, mas uma transformação qualitativa que atinge a cultura, a linguagem, a percepção do tempo, o modo de construir vínculos e, sobretudo, a maneira como o ser humano se compreende e se relaciona com a realidade. Tecnologias digitais, inteligência artificial, redes sociais e novas dinâmicas sociais não são apenas inovações instrumentais – elas reconfiguram o modo como a vida é vivida.

Esse novo cenário desafia profundamente a pastoral. As estruturas e os métodos tradicionais já não respondem com a mesma eficácia, porque muitas vezes foram pensados para contextos socioculturais que não existem mais. A tentação da nostalgia ou do fechamento em modelos ultrapassados é grande. No entanto, a fidelidade ao Evangelho exige criatividade pastoral, *parresia* – esta bela palavra grega que significa ousadia – e abertura a uma ação mais profunda do Espírito que continua a renovar a Igreja.

O Papa Francisco propôs, ao longo de seus doze anos de pontificado, uma resposta pastoral enraizada em três movimentos fundamentais: viver os processos, discernir os sinais dos tempos[3] e converter a mentalidade e as es-

---

2 Discurso do Papa Francisco à Cúria Romana na apresentação de votos natalícios, em 21 dezembro 2019. Disponível em https://www.vatican.va/content/francesco/pt/speeches/2019/december/documents/papa-francesco_20191221_curia-romana.html. Acesso em mar. 2025.

3 "Sinais dos tempos" é uma expressão que vem do Concílio Vaticano II e tem sido retomada por muitos pontífices. De maneira bastante explícita, aparece na constituição pastoral *Gaudium et Spes*, n. 4: "Para levar a cabo esta missão, é dever da Igreja investigar a todo o momento os sinais dos tempos, e interpretá-los

truturas da Igreja. Este capítulo parte dessa intuição para propor uma leitura teológica e pastoral da mudança de época, não como um colapso a ser temido, mas como uma travessia a ser feita em chave missionária.

Em meio às incertezas do tempo presente, há um convite a reconhecer que a história não é um obstáculo à fé, mas o lugar onde ela se encarna. E que toda pastoral que deseja ser fiel a sua missão precisa escutar os sinais dos tempos em seus múltiplos processos, pois é aí, na carne da história, que Deus continua a se revelar.

1.1. O tempo como lugar da revelação: Francisco e a lógica dos processos

Quem acompanhou o pensamento e as orientações do Papa Francisco pode perceber com facilidade os eixos centrais que atravessam suas mensagens, seus discursos e documentos. Desde o início de seu pontificado, em 2013, especialmente com sua exortação programática *Evangelii Gaudium* (EG), o Papa insistiu em três grandes fundamentos: processo, tempo e missão – ou, em outras palavras, a necessidade de uma Igreja missionária, em saída, atenta ao que se move na história.

Francisco é, por excelência, o Papa dos processos. Ele afirmou com clareza, na referida saudação natalina à Cúria Romana, em 2019, que "devemos preocupar-nos mais com iniciar processos do que com ocupar espaços", indicando que o agir pastoral não pode estar

---

à luz do Evangelho; para que assim possa responder, de modo adaptado em cada geração, às eternas perguntas dos homens acerca do sentido da vida presente e da futura, e da relação entre ambas".

atrelado à fixação de estruturas ou territórios, mas ao cultivo de dinâmicas que gerem vida e transformação. Com isso, acentua que Deus se manifesta na história por meio de uma revelação processual, que se dá no tempo.

Com insistência, Francisco demonstrou, tanto com sua palavra quanto com o testemunho de vida, que iniciar processos é essencial. Vale ressaltar o próprio sínodo sobre a sinodalidade, iniciado em 2021, como um grande processo eclesial.

Um de seus ensinamentos centrais é a convicção de que "o tempo é superior ao espaço"[4] – ou seja, mais importante do que ocupar lugares e manter estruturas é iniciar processos duradouros e fecundos. Essa perspectiva revela um traço fundamental da espiritualidade e da visão pastoral de Francisco: a história é o lugar onde Deus age, e os processos são o modo pelo qual o Espírito Santo conduz a Igreja e o mundo.

O tempo é lugar de gestação e maturação; o espaço, quando absolutizado, tende a cristalizar. É nesse movimento, no fluxo da vida, que surgem novas dinâmicas, comportamentos e também novos caminhos para a evangelização. Mas esse modo de evangelizar, baseado no tempo e no processo, exige uma disposição espiritual: "Deus manifesta-Se no tempo e está presente nos processos da história. Isto leva a privilegiar as ações que geram novas dinâmicas. E requer paciência, saber esperar"[5].

---

4 EG 222-225.

5 Discurso do Papa Francisco à Cúria Romana na apresentação de votos natalícios, em 21 dezembro 2019. Disponível em https://www.vatican.va/content/francesco/pt/speeches/2019/december/documents/papa-francesco_20191221_curia-romana.html. Acesso em mar. 2025.

Viver os processos em um determinado tempo como movimento da vida integral traz consigo o convite a ler os sinais dos tempos com os olhos da fé. O contexto atual – marcado por rápidas e intensas transformações – exige esse olhar: ontem era; hoje já não é; amanhã será outra coisa.

Segundo Francisco, ler os sinais dos tempos significa estar atento ao que está acontecendo no mundo – nas pessoas, nas culturas, nas crises, nas mudanças sociais – e discernir, à luz do Evangelho, o que Deus está dizendo à Igreja e à humanidade, nesse momento histórico. Trata-se de escutar o tempo com profundidade espiritual e ousadia missionária. Não basta repetir fórmulas do passado nem viver uma fé fechada em si mesma. É preciso estar em diálogo com o mundo atual, buscando novos caminhos de evangelização, justiça, paz e cuidado com os mais vulneráveis. É o necessário chamado a "sair da própria comodidade e ter a coragem de alcançar todas as periferias que precisam da luz do Evangelho"[6].

Francisco adverte, no entanto, que esse discernimento não nasce da pressa ou da agitação. Ele propõe uma pedagogia espiritual concreta: "para compreender os sinais dos tempos, antes de tudo é necessário o silêncio: fazer silêncio, olhar e observar. E depois refletir dentro de nós. [...] E rezar... Silêncio, reflexão e oração. Somente assim poderemos entender os sinais dos tempos, o que quer nos dizer Jesus"[7]. Esse é o caminho de uma

6 EG 20.

7 Papa Francisco, Meditações matutinas na Casa Santa Marta, em 23 de outubro de 2015. Disponível em https://www.vatican.va/content/francesco/pt/cotidie/2015/documents/papa-francesco-cotidie_20151023_os-tempos-mudam.html. Acesso em mai. 2025.

pastoral que deseja ser fiel ao tempo de Deus e não apenas a sua própria agenda.

A lógica dos processos, portanto, é também uma lógica de paciência, escuta e transformação. É nesse horizonte que a pastoral encontra sua missão: não se fechar em espaços conquistados, mas lançar-se em processos vivos, atentos à realidade, abertos à ação do Espírito. Essa é a condição para que a Igreja continue a ser, hoje, sacramento de esperança e sinal do Reino que já está entre nós – mesmo quando ainda não se vê claramente.

1.2. Viver os processos em uma mudança de época

A leitura dos sinais dos tempos, que convida para viver a lógica da mudança, implica também deixar-se questionar pelos desafios da época presente. Desafios que, individuados com o discernimento necessário da verdade, da transparência, do compromisso de viver e atuar cristãmente, vão exigir também uma mudança de mentalidade. Trata-se de algo processual que vai modificando-se à medida que a Igreja se encarna na história, e a faz dialogar com o mundo atual.

Na exortação *Evangelii Gaudium*, o Papa Francisco encorajou a Igreja a estar atenta aos desafios contemporâneos e a responder com renovado fervor missionário. Ele destaca a necessidade de uma evangelização que ilumine as realidades do mundo atual com a luz do Evangelho. E assim enfatiza a necessidade de uma Igreja em saída[8], que esteja atenta aos desafios contemporâneos.

8 Cf. EG 20-24.

Por isso torna-se imprescindível a atenção aos sinais dos tempos para adaptar-se às novas situações e responder às necessidades dos fiéis, vivendo sempre sua missão primordial, ou seja, sua identidade. "Evangelizar constitui, de fato, a graça e a vocação própria da Igreja, sua mais profunda identidade. Ela existe para evangelizar"[9], anunciar o Evangelho de maneira eficaz, tornando o Reino de Deus presente no mundo[10].

Ao longo de suas comunicações, percebe-se que Francisco reconhece que os tempos mudam e os cristãos devem mudar continuamente. Mudar firmes na fé em Jesus Cristo, na verdade do Evangelho. E repete que o comportamento deve se mover continuamente (processo) de acordo com os sinais dos tempos. Um exemplo prático que Francisco realizou na "lógica da mudança" foi a reforma da Cúria Romana, com a criação e a unificação de alguns Dicastérios da Cúria Romana para que se assumisse uma Igreja missionária, "Igreja em saída". Retomando o discurso de 2019 à Cúria Romana, em que explicitou o coração da reforma, o Papa Francisco afirmou que

> não foi de forma improvisa que se chegou a esta percepção de que a mudança de época coloca sérios interrogativos quanto à identidade de nossa fé. Neste contexto, há que inserir também a expressão "nova evangelização" adotada por São João Paulo II na Encíclica *Redemptoris missio*:

9 Exortação Apostólica *Evangelii Nuntiandi*, n. 14.

10 EG 176.

> "A Igreja deve, hoje, enfrentar outros desafios, lançando-se para novas fronteiras, quer na primeira missão *ad gentes*, quer na nova evangelização dos povos que já receberam o anúncio de Cristo" (n. 30). Há necessidade duma nova evangelização, ou reevangelização.[11]

Assim, na dinâmica dos processos, a reforma da comunicação da Santa Sé não foi apenas uma reorganização funcional, mas uma resposta à mudança de época e aos sinais dos tempos. O surgimento do Dicastério para a Comunicação expressa uma visão mais ampla: trata-se de responder aos desafios contemporâneos com uma lógica de integração e coerência. Mais do que reunir estruturas já existentes, essa reforma buscou colocar em prática uma nova mentalidade – aquela que privilegia a sinergia, a convergência e a presença em uma cultura profundamente marcada pela linguagem multimídia.

A transformação, portanto, não visa apenas à eficiência organizacional, mas à conversão pastoral no modo como a Igreja comunica: com unidade editorial, fidelidade ao Evangelho e capacidade de escuta dos novos cenários culturais. E assim, para dar resposta e dialogar no campo da comunicação, em uma cultura marcada por fatores de convergência e presença multimídia, em vez de serviços diversificados, prevaleceu

11 Discurso do Papa Francisco à Cúria Romana na apresentação de votos natalícios, em 21 dezembro 2019. Disponível em https://www.vatican.va/content/francesco/pt/speeches/2019/december/documents/papa-francesco_20191221_curia-romana.html. Acesso em mar. 2025.

a forma multimídia no modo de conceber, configurar, complementar. E o papa Francisco reconhece, mais uma vez, que se trata de um processo que exige mudança de mentalidade, pois implica "juntamente com a mudança cultural, uma conversão institucional e pessoal para passar dum trabalho em compartimentos estanques (...) a um trabalho intrinsecamente conexo, em sinergia"[12].

1.3. A mudança de época e os desafios à missão da Igreja no ambiente digital

A mudança de época transforma profundamente o modo de viver, de comunicar, de se relacionar e de compreender a realidade. Essa percepção implica um reposicionamento pastoral. A Igreja não pode continuar atuando como se nada tivesse mudado, limitando-se à repetição de esquemas pastorais do passado.

Essa mudança não afeta apenas os métodos, mas também os sujeitos da pastoral e sua forma de viver a missão. O Papa insiste que é preciso uma Igreja em saída para as periferias sociais, geográficas, existenciais – e por que não as digitais? –, que se descentraliza, que se deixa interpelar pelas dores do mundo. Não há mais espaço para uma pastoral autorreferencial. A missão exige abertura, escuta, adaptação, discernimento.

Um dos grandes riscos denunciados por Francisco, já desde a *Evangelii Gaudium*, e que aparece com muita clareza no Documento de Aparecida, do qual foi um dos redatores, é a redução da missão a uma agenda de manutenção: atividades voltadas apenas para os que já

12 Ibid.

estão dentro da comunidade eclesial, "sendo necessário passar de uma pastoral de mera conservação para uma pastoral decididamente missionária"[13].

Nesse sentido, o reconhecimento da mudança de época é também um chamado a redefinir o campo de ação, reconhecendo a identidade e a missão da Igreja que permanecem a mesma. O que aqui refletiremos considerando como pastoral digital é uma dessa nova compreensão, como um campo onde a missão pode se realizar de modo autêntico. Trata-se de assumir que o ambiente digital não é apenas um meio, mas um lugar. Evangelizar nesse contexto é reconhecer que a Boa Nova deve ser anunciada também nos territórios em rede, por meio de vínculos reais, de escuta ativa e de testemunho coerente. Não se trata somente de ocupar espaços na cultura digital, mas de gerar processos de escuta, de presença, de testemunho e de fraternidade para evangelizar a cultura.

Ao abordar o ambiente digital, o Papa afirma na exortação *Christus Vivit,* publicada após o Sínodo dos Bispos sobre os jovens, a fé e o discernimento vocacional, que não se trata apenas de usar ferramentas tecnológicas, mas de habitar uma nova cultura[14].

A pastoral digital, portanto, não pode ser pensada como uma pastoral com tecnologias, mas como uma forma de estar e ser Igreja em um mundo *onlife,* onde os limites entre o físico e o digital se entrelaçam e onde a evangelização exige uma nova sensibilidade relacional, ética e espiritual.

---

13 Documento de Aparecida, 570.

14 Cf. ChV, n. 86-89.

Toda ação eclesial precisa partir da escuta do Espírito na realidade. Isso implica sair de uma lógica pastoral centrada em eventos e calendários, ou meramente produção de conteúdos, e entrar em uma lógica de processos e de escuta. A missão, neste tempo, não se mede pela visibilidade, mas pela capacidade de gerar vínculos, de formar comunidade, de suscitar sentido e esperança.

Em uma mudança de época, a missão não se preserva com estruturas fixas, mas se renova com coragem pastoral e ousadia. Entretanto, compreender bem esse fenômeno leva a reconhecer que ele está marcado por limites e lacunas. Daí a importância de "não confundir a comunicação com o mero contato virtual". Entre as muitas "coisas" que podem acontecer no ambiente digital figuram a manipulação, novas formas de violência, exploração de pessoas para fins sexuais, até o extremo da *dark web*. Uma necessidade crescente, então, para a formação da consciência, para distinguir o jogo de enormes interesses econômicos, o funcionamento das plataformas, a proliferação das fake news, a crescente desinformação.

Olhando para o que representou o pontificado do Francisco (2013-2025), especialmente no que ainda será desfrutado pela Igreja, podemos identificá-lo como o Papa dos processos, com profundidade, coerência e extrema fidelidade ao modo como Deus age na história. Seu pontificado foi um convite à Igreja a caminhar com os olhos abertos para os sinais dos tempos, sensível à mudança de época e comprometida com uma evangelização que nasce do encontro, da escuta e da saída de si mesma. Essa é uma inspiração permanente para uma pastoral que deseja ser verdadeiramente missionária em nosso tempo.

2. *Onlife*: como ser humano em uma era hiperconectada?

A experiência humana contemporânea está imersa em uma profunda transformação, especialmente por essa ambivalência entre o mundo físico e o mundo digital. Não se trata apenas do uso intenso de tecnologias, mas de um modo de ser que redefine a percepção da realidade, os vínculos afetivos, a construção da identidade e o próprio sentido da presença.

Este capítulo parte dessa constatação para refletir sobre as implicações antropológicas, culturais e espirituais da era hiperconectada. O conceito de *onlife*, proposto por Luciano Floridi, explicita este novo ambiente onde o ser humano vive em uma realidade híbrida, onde o online e o offline já não se separam. Esse ecossistema não é neutro, pois molda hábitos, desejos, afetos e modos de vida.

A pastoral, diante desse novo cenário, é chamada a aprofundar sua compreensão sobre o ser humano em rede. O desafio não é apenas técnico, mas profundamente humano e espiritual: como anunciar o Evangelho em um mundo em que a identidade se constrói em perfis, os vínculos se estabelecem em redes e o silêncio se torna raro? Como cultivar a interioridade, o discernimento, a escuta e a compaixão em um ambiente que favorece a velocidade, a visibilidade e a polarização?

2.1. O conceito de *onlife* e a infosfera

Vivemos uma transformação radical na forma de habitar o mundo. Com a expansão das tecnologias digitais, não é mais possível pensar o ser humano como alguém que transita entre dois espaços distintos – o "real" e o "virtual" – , como se houvesse uma fronteira clara entre o mundo físico e o digital.

O filósofo Luciano Floridi propôs uma expressão para capturar essa nova condição existencial: *onlife*. O termo designa a experiência de um ser humano que vive imerso em um ambiente híbrido, onde as dimensões do online e do offline se entrelaçam e se tornam praticamente indistinguíveis.

A vida *onlife* significa que a internet e os dispositivos conectados não são apenas ferramentas externas, mas extensões da própria experiência de ser e estar no mundo. As relações, os afetos, os consumos, a produção de sentido – tudo se dá em uma lógica de hiperconexão. Ou seja, a tecnologia não apenas medeia, mas molda a experiência humana.

A reflexão sobre o que é o *onlife* aparece aprofundada no documento *The Onlife Manifesto: Being Human in a Hyperconnected Era*, publicado em 2013, sob a coordenação da União Europeia. Trata-se do fruto de um projeto interdisciplinar – a *Onlife Initiative* – que reuniu especialistas de diversas áreas com o objetivo de refletir sobre os impactos das tecnologias digitais e da hiperconectividade na vida humana, na cultura e nas instituições sociais.

O grupo de trabalho foi liderado por Luciano Floridi, professor da Universidade de Oxford, reconhecido por suas contribuições à filosofia da informação e por ter cunhado o termo que dá nome ao manifesto. Em suas palavras: "Decidimos adotar o neologismo '*onlife*', que eu tinha cunhado no passado, para nos referirmos à nova experiência de uma realidade hiperconectada, na qual já não faz sentido perguntar se se está online ou offline".[1]

O manifesto, estruturado em um prefácio seguido de quatro partes, aborda uma ampla gama de temas decisivos para compreender a vida na era digital. Tópicos como identidade, privacidade, relações sociais, economia e educação são tratados a partir de uma perspectiva crítica e filosófica, apontando os deslocamentos éticos, políticos e existenciais que marcam o cotidiano de uma sociedade cada vez mais imersa na infosfera. O documento oferece, assim, um marco teórico importante para pensar o ser humano em tempos de hiperconectividade.

Floridi aprofunda essa reflexão com o conceito de infosfera, apresentado em sua obra *The Philosophy of Information*[2] como o ambiente global constituído por

1 FLORIDI, L. *The onlife Manifesto: Being Human in a Hyperconnected Era*. Springer Open, 2015, p. 1. Tradução nossa para: We decided to adopt the neologism "onlife" that I had coined in the past in order to refer to the new experience of a hyperconnected reality within which it is no longer sensible to ask whether one may be online or offline.

2 FLORIDI, Luciano. *The Philosophy of Information*. Oxford: Oxford University Press, 2011.

todas as entidades informacionais (incluindo agentes e suas interações), suas propriedades, processos e relações mútuas. Descreve o espaço global de informações, tanto no ambiente físico quanto no digital, onde as informações são criadas, armazenadas, distribuídas e consumidas.

Já em *The Fourth Revolution: How the Infosphere is Reshaping Human Reality*[3] (2014), o filósofo sustenta que a infosfera é o novo habitat do ser humano, uma realidade em que as tecnologias da informação e da comunicação (TICs) moldam tão profundamente o ambiente a nosso redor que estamos cada vez mais vivendo dentro da infosfera. As TICs

> se tornaram forças ambientais, antropológicas, sociais e interpretativas. Elas estão criando e moldando nossas realidades intelectuais e físicas, mudando nossa autocompreensão, modificando a forma como nos relacionamos uns com os outros e conosco mesmos e aprimorando a forma como interpretamos o mundo, e tudo isso de forma generalizada, profunda e implacável.[4]

Esse ecossistema é caracterizado por uma densa malha de conexões, visibilidade constante, vigilância algorítmica e interações mediadas por plataformas. Não se trata apenas de um espaço de troca de dados, mas

3 FLORIDI, Luciano. *The Fourth Revolution: How the Infosphere is Reshaping Human Reality*. Oxford: Oxford University Press, 2014.

4 Ibid, p. 6.

de um campo que reconfigura relações sociais, afetivas, econômicas e espirituais.

A própria Igreja reconhece esse novo paradigma. No documento *Rumo a uma presença plena: uma reflexão pastoral sobre a participação nas redes sociais*, publicado pelo Dicastério para a Comunicação em 2023, o conceito de *onlife* é explicitamente citado como chave de leitura para a cultura contemporânea. O texto afirma: "Seja como for, agora nossa cultura é digital. Para superar a antiga dicotomia entre 'digital' e 'face a face', alguns já não falam de 'online' e 'offline', mas somente de 'onlife', incorporando a vida humana e social em suas várias expressões, tanto em espaços digitais como físicos"[5].

Mais adiante, o documento reitera que

> na realidade cada vez mais onlife do mundo de hoje, é necessário superar a lógica do "ou, ou", que pensa os relacionamentos humanos no âmbito de uma lógica dicotômica (*digital* versus *real-físico-pessoal*), e assumir uma lógica do "ambos, e", baseada na complementaridade e na integralidade da vida humana e social. [...] A rede digital pode ser um lugar rico de humanidade: não uma rede de fios, mas de pessoas humanas [...] se nos recordarmos que do outro lado da tela não existem "números", nem meros

5 DICASTÉRIO PARA A COMUNICAÇÃO. Rumo à presença plena: uma reflexão pastoral sobre a participação nas redes sociais. Brasília: Edições CNBB, 2023, n. 9.

> "agregados de indivíduos", mas pessoas com histórias, sonhos, expectativas, sofrimentos. Existem um nome e um rosto[6].

Do ponto de vista pastoral, reconhecer a infosfera como ambiente de vida implica uma mudança fundamental de perspectiva: trata-se de compreender que o digital não é apenas meio, mas mundo. E nesse mundo habitado por códigos, imagens, fluxos e algoritmos, a Igreja é chamada a discernir o que significa presença, escuta, anúncio, testemunho. Não basta "usar as redes" para evangelizar. É preciso perguntar: como habitar a infosfera como discípulo de Cristo? Que tipo de humanismo emerge dessa realidade? E como a fé cristã pode contribuir para iluminar os desafios éticos, antropológicos e espirituais da era onlife?

A pastoral digital nasce, assim, de uma consciência ampliada: evangelizar não é apenas comunicar mensagens, mas encarnar o Evangelho nas linguagens, dinâmicas e culturas emergentes. A infosfera não é uma ameaça a ser temida – esta talvez seja o principal medo dos tecnofóbicos – mas um território a ser compreendido, discernido e cuidado, como qualquer outra dimensão da vida humana.

2.2. A cultura digital e a redefinição das relações humanas

A cultura digital, conforme mencionando no capítulo anterior, e que aqui reafirmamos constitui uma nova

6 Ibid, n. 47.

gramática da vida cotidiana. As formas de interação, os vínculos sociais, a construção da identidade e até mesmo a espiritualidade passam a ser moldadas por dinâmicas que emergem das plataformas digitais, das redes sociais, da comunicação instantânea e da lógica algorítmica.

Em vez de relações lineares, a cultura digital favorece conexões em rede, simultaneidade e visibilidade constante, aumentando "incomensuravelmente, nosso contato com os outros"[7]. A comunicação, assim, passa a ser constitutiva da própria identidade dos sujeitos: é nas interações que muitas pessoas performam seus afetos, crenças, pertenças e visões de mundo. O "eu" contemporâneo é, em larga medida, exposto e narrado nas redes.

A digitalização das relações humanas também trouxe novos desafios éticos e antropológicos. A presença nas redes pode gerar um grande engajamento, mas também superficialidade[8], polarização e práticas de exclusão[9]. O vínculo social, que antes se apoiava na proximidade física, agora também depende da presença simbólica e da visibilidade digital. Estar fora das redes, em alguns contextos, significa não existir socialmente. E este deve ser um grande ponto de atenção para a ação pastoral da igreja.

Como observa Manuel Castells, o espaço das redes é o novo espaço público e "constituem um modelo de vida – de todos os tipos de vida – que é fundamental"[10],

---

7 Ibid., n. 38.

8 Ibid., n. 56.

9 Cf. ibid., n. 19.

10 CASTELLS, M. **O poder da comunicação.** Tradução de Vera Lúcia Mello Jos-

onde os significados culturais, políticos e afetivos são negociados continuamente. O digital se torna um espaço de disputa simbólica, em que a identidade pessoal e coletiva é constantemente colocada à prova.

A cultura digital modifica, ainda, o modo de vivenciar o tempo e o espaço. A lógica da aceleração contínua, da resposta imediata e do consumo de estímulos fragmentados gera uma nova sensibilidade, marcada por impaciência, dispersão e busca incessante de atenção[11]. O espaço já não é mais definido geograficamente, mas pelas conexões que se estabelecem. Vizinhanças se formam por interesses e algoritmos, mais do que por território físico.

Byung-Chul Han[12] observa que a sociedade digital é marcada por uma hiperexposição e pela dissolução dos espaços de interioridade. A busca por likes, visualizações e aprovação instantânea pode conduzir a um narcisismo relacional e ao empobrecimento da experiência da alteridade.

Para a Igreja, esse cenário representa uma profunda interrogação pastoral e teológica. Como anunciar o Evangelho em uma cultura onde o silêncio é raro e a escuta vai se tornando cada vez mais fragilizada? Como formar comunidades em um mundo que favorece o individualismo e a fragmentação? Como viver relações autênticas em meio a avatares, bolhas de filtro e economias da atenção[13]?

---

clyne. 5 ed. São Paulo/Rio de Janeiro: Paz e Terra, 2021, p. 67.

11 Este tema é desenvolvido amplamente na reflexão pastoral *Rumo à presença plena* entre os parágrafos 30 e 36.

12 HAN, Byung-Chul. *A sociedade da transparência*. Petrópolis: Vozes, 2017.

13 No ambiente digital, portanto, a atenção é tratada como uma moeda de troca.

Responder a essas questões exige mais do que estratégias comunicacionais. É necessário um discernimento espiritual e cultural que permita compreender o que há de humano e de desumanizante na cultura digital. E, a partir disso, propor caminhos que favoreçam relações marcadas pela escuta, pela presença, pela compaixão e pela construção de sentido.

A pastoral, nesse contexto, é chamada a assumir não apenas o uso das tecnologias, mas o cuidado das relações humanas em sua nova configuração. Isso implica, principalmente, "encorajar, apoiar e acompanhar aqueles que estão empenhados na missão no ambiente digital"[14], criando espaços oportunos para o encontro e oferecendo testemunhos de fé que gerem vínculos e comunidade – mesmo nas redes.

Essa dinâmica tem implicações profundas na forma como se vive, se comunica e se constrói a identidade. Também afeta diretamente os modos de escuta, contemplação e presença – dimensões fundamentais para a espiritualidade e para a missão pastoral da Igreja.

14 SECRETARIA Geral do Sínodo dos Bispos. *XVI Assembleia Geral Ordinária do Sínodo dos Bispos – Documento final – Por uma Igreja Sinodal: comunhão, participação e missão*. São Paulo: Paulus e Paulinas, 2025, p. 85.

3. A identidade missionária da Igreja

Ser Igreja em saída, hoje, exige pensar, revisar, verificar conceitos e práticas pastorais, vivendo processos de desenvolvimento atentos aos sinais dos tempos no contexto atual. Trata-se de uma atitude de escuta e abertura, que exige disposição para verificar, assimilar e incorporar mudanças que possibilitem uma evangelização capaz de dialogar com os sujeitos da contemporaneidade, cujas referências já não se sustentam nos moldes do passado.

Evangelizar, portanto, exige coragem para mudar a mentalidade e sair de uma pastoral sustentada apenas por estratégias e instrumentos, sem transformação interior. Daí que é inútil e ineficaz desenvolver uma pastoral, mesmo usando os meios mais modernos, se a mentalidade é antiga e "agarra-se" à resistência em mudar. Então, o diálogo não acontece porque são mundos, universos culturais diferentes.

Durante a vigília de Pentecostes de 2025, a primeira de seu pontificado, o Papa Leão XIV afirmou que "a evangelização não é uma conquista humana do mundo, mas a graça infinita que se difunde a partir de vidas transformadas pelo Reino de Deus"[1]. Afirma o pontífice que é necessário percorrer juntos o caminho das Bem-aventuranças, "uma estrada que percorremos juntos, na tensão entre "já" e o "ainda não", famintos e sedentos de justiça, pobres de espírito, misericordiosos, mansos, puros de coração, construtores da paz"[2].

Fazer o caminho da evangelização juntos significa entender que ela não é obra individualista, egoísta e centrada em uma única pessoa, mas é obra de Deus, conforme expressa o Papa Leão XIV.

Nesse cenário, os desafios antropológicos e espirituais tornam-se centrais. Compreender as transformações operadas em um mundo hiperconectado, com estímulos constantes, mas paradoxalmente mais isolados e fragmentados. A superficialidade nas relações e no autoconhecimento exige da pastoral um novo olhar: não se trata de negar os avanços tecnológicos, mas de discerni-los à luz do Espírito.

Os processos a que se refere o Papa Francisco, e que tratamos no primeiro capítulo, serão dinâmicos, porém, na medida em que forem percebidos e vividos à luz do Espírito, que ilumina e leva ao discernimento necessário das escolhas sempre a partir da fundamentação da evangelização, ou seja, faz discernir a essência da evangelização: comunicar a boa nova de Jesus Cristo[3].

---

1 Leão XIV, Papa. *Vigília de Pentecostes com os movimentos eclesiais, as associações e as novas comunidades*. Vaticano: Libreria Editrice Vaticana, 7 jun. 2025. Disponível em https://www.vatican.va/content/leo-xiv/pt/homilies/2025/documents/20250607-veglia-pentecoste.html. Acesso em 8 jun. 2025.

2 *Ibid.*

3 Cf. EN, n. 40.

É nesse espírito que a pastoral é chamada a promover um humanismo relacional e encarnado, capaz de valorizar a integralidade da pessoa e resistir à lógica da objetificação digital. O digital pode e deve ser espaço de comunhão, escuta, cuidado e testemunho de esperança.

3.1. Missão: mais que atividades, um modo de anunciar e viver o Reino[4]

As três expressões que estruturaram o processo sinodal recente – comunhão, participação e missão – são três conceitos entrelaçados e exigem formação adequada para sua articulação, como tanto enfatizou o Papa Francisco. Analisando, porém, os documentos produzidos ao longo do Sínodo – relatório de síntese após a primeira assembleia (2023) e o documento final (2024) –, percebe-se que a discussão sobre a sinodalidade enfatiza os processos e as estruturas de participação a tal ponto que se dá um pressuposto que essa participação é sempre na missão.

Segundo o teólogo Francisco de Aquino Junior[5], é necessário distinguir: distinguir que a sinodalidade eclesial, para não cair em outras formas de eclesiocentrismo, precisa ser sempre participação na missão, ou

4 O enfoque trazido aqui é a partir do que se observa nas práticas pastorais e não tem a intenção de levar a um aprofundamento teológico. Somente fazer a distinção necessária para verificar nossas atividades pastorais.

5 As referências ao teólogo Francisco de Aquino Junior ao longo deste tópico foram extraídas de conferência realizada ao Observatório Eclesial Brasil, em 6 de fevereiro de 2025, da qual os autores participaram. Aquino Junior é autor de muitas obras referências para teologia e pastoral no Brasil.

seja, nunca dissociar a atividade da missão nos vários espaços em que se realizam. "Muitas vezes, a ênfase é tão grande no aspecto da participação que se deixa de lado que a participação é na missão. Fala-se demais de missão, virou um jargão".

A Igreja tem uma prática de missão, que identifica missão com as atividades pastorais e identifica missionários com as pessoas que fazem essas atividades pastorais (que podem ser ligadas ao culto, à catequese, movimento de visita às famílias para convidar a participar das atividades internas da Igreja etc). Na prática, conforme Aquino Junior, "a compreensão difusa de missão é uma identificação de missão com atividades eclesiais para manter ou dinamizar a participação em espaços eclesiais". Por isso missão não é simplesmente "trazer gente" para atividades internas, mas viver e inspirar o modo de ser de Jesus.

A missão cristã é a mesma de Jesus, portanto é preciso voltar a Jesus e a seu projeto do Reino. A expressão basilar de Francisco, na *Evangelii Gaudium,* de que "evangelizar é tornar o Reino de Deus presente no mundo"[6]. Partindo desta compreensão, tornar o Reino de Deus presente no mundo é falar daquele modo de vida que é regido pela lógica do amor, do perdão, da reconciliação. Assim, vamos saindo de uma compreensão reducionista de que a missão é realizar atividades eclesiais para animar e trazer gente para dentro da Igreja e vamos ampliando, re-centralizando-a na compreensão de que a missão é aquele modo de vida de Jesus, em seu pleno seguimento.

6 EG, n. 176.

Aquino Junior enfatiza que a missão, portanto, realiza-se nas múltiplas vivências e realidades: nas famílias, no trabalho, no estudo, nas redes digitais, no espaço eclesial. "Daí que pensar a missão sempre nessa lógica é um modo de vida, regida pela lógica do amor fraterno, que tem um dinamismo de misericórdia". Quando a missão é assumida nessa lógica, a centralidade da vida da Igreja não estará mais nas estruturas de participação, mas na vivência da fraternidade e no anúncio do Reino de Deus em todos os ângulos da vida.

Se tomarmos a missão nessa perspectiva, partindo sempre de Jesus e do anúncio do Reino de Deus, então o centro da vida da Igreja não estará mais nos mecanismos de participação estrutural, mas na vivência da fraternidade e no coração da fraternidade, onde está a humanidade sofredora em todas as periferias. Tudo, na Igreja, deve ser meio para isso, pois as estruturas do processo de participação não são fim.

A sinodalidade não é fim em si mesma, mas um meio e uma forma de estar juntos. É bonito como o Papa Leão XIV, na mesma vigília citada anteriormente, destaca, em uma perspectiva integral, que tudo foi criado por Deus para que estivéssemos juntos. Não só a humanidade, mas todas as coisas criadas. "'Sinodalidade' é o nome eclesial desta consciência. É o caminho que exige que cada um reconheça sua dívida e seu tesouro, sentindo-se parte de um todo, fora do qual tudo murcha, mesmo o mais original dos carismas"[7]. Quando nos sentimos

7 Leão XIV, Papa. *Vigília de Pentecostes com os movimentos eclesiais, as associações e as novas comunidades*. Vaticano: Libreria Editrice Vaticana, 7 jun. 2025. Disponível em https://www.vatican.va/content/leo-xiv/pt/homilies/2025/documents/20250607-veglia-pentecoste.html. Acesso em 8 jun. 2025.

parte de um todo bem maior, nos comprometemos de coração e alma totalmente para a missão, que é o fim. O fim não é qualquer atividade eclesial, mas é o anúncio do Reino de Deus e a vontade de Deus se concretizando em todos os aspectos de nossa vida.

No contexto dessa clarificação do que realmente significa missão, a "programação pastoral não responde primeiramente a exigências de caráter organizativo e de planejamento, mas de discernimento do Espírito: tem caráter profético e, seguindo os sinais dos tempos, procura traçar percursos do caminho do Senhor que vem"[8].

A provocação emerge justamente a partir do modo como nos aproximamos de uma realidade em contínua mudança, como é o ambiente digital, no qual a Igreja, mesmo não se isentando das mesmas dinâmicas dos processos de redefinição das linguagens e formas, é chamada a superar a tentação de tudo aprovar e mergulhar sem um necessário discernimento. A Igreja deve mostrar uma perspectiva diferente para ser comunidade coerentemente evangélica.

Daí a importância de compreender os parâmetros de referência para uma "programação (projeto) que não responda somente a critérios técnicos e organizativos, mas se incorpore no *caráter profético* de uma comunidade que saiba ler os sinais dos tempos[9].

Atualmente, a reflexão – sobretudo no campo da comunicação – volta-se para o ser humano que passa por transformações antropológicas profundas e inéditas,

---

8 LANZA (2008) *citado* AMMENDOLIA, F.; PETRICCA, R. *Chiesa e pastorale digitale: in uscita verso una società 5.0*. Trapani: Il pozzo di Giacobbe, 2023, p. 7. Tradução dos autores.

9 *Ibid*, p. 7. Tradução dos autores.

imerso em um cotidiano hiperconectado. As múltiplas tecnologias e seus efeitos sobre a subjetividade desafiam a Igreja a desenvolver uma presença pastoral que, sem se reduzir a meras atividades organizacionais, responda ao chamado de ser uma Igreja em saída também para a sociedade 5.0. Isso exige superar a visão instrumental das tecnologias e assumir, no ambiente digital, uma presença profética do Reino de Deus. Uma pastoral não de máquinas, mas do Reino de Deus – profundamente humana e inspirada no Evangelho.

Dessa forma, a Igreja é chamada a ser presença profética e entranhar uma pastoral digital, com profunda consciência de sua missão, superando a tentação de aprovar tudo indiscriminadamente. Trata-se de mostrar uma alternativa evangélica, uma pastoral que discirna, interprete e proponha caminhos a partir do Evangelho.

3.2. O novo humanismo em Jesus Cristo

O atual contexto digital apresenta à Igreja "novos caminhos, que não comportam nostalgia do passado nem fuga das inovações"[10]. Entretanto, ainda predomina a visão de que o digital se resume à utilização de instrumentos tecnológicos, sem que se compreenda seu impacto cultural e existencial. De fato, modos de compreender mídia como ambiente, humanidade medial, tecnologias de comunidades, em geral são poucos assumidos, inclusive pela Igreja.

10 *Ibid.*, p. 9.

Por isso as observações neste campo digital não são relegadas ao teórico, nem especulações, mas são observações que permitem à pastoral ordinária ativar processos digitais. A Igreja em saída no continente digital não pode considerá-lo como elemento marginal, etiquetando-o como algo mais a fazer. A questão é mais profunda, pois apela à Igreja a considerar um "novo modo de ser Igreja", que adquire sempre mais consciência que o novo humanismo em Jesus Cristo percorre também vias (estradas, caminhos) digitais.

Portanto, a questão da pastoral digital não pode ser reduzida à comunicação tecnologicamente mediada ou ao domínio técnico dos instrumentos, mas demanda discernimento, escuta, espiritualidade e capacidade de gerar comunhão. Para isso, é sempre importante o discernimento para que não se caia na tentação de uma pastoral da prospectiva digital concentrada sobre o saber gerir tecnicamente os instrumentos, mas de compreender a questão em função de construir o bem e a comunidade, colocando no centro o anúncio e a evangelização[11].

Para isso, é necessário ativar processos formativos, práticas pastorais e reflexão crítica, incorporando contribuições do magistério e de estudiosos de áreas como filosofia, teologia, ciências sociais e tecnologia. Tecnologias como a internet das coisas (IoT), a internet dos sentidos (IoS), o metaverso e a inteligência artificial (IA) transformam profundamente o modo como os sujeitos interagem com o mundo, impactando a própria noção de humanidade. Inicia-se, então, uma rede com experiências completamente imersivas, multissensoriais, fun-

11 Cf. *Ibid.*, p. 9.

dindo sempre mais o mundo físico e digital. É neste sentido que surge também o metaverso por meio de avatar – um *alter ego* digital.

Sobre a IA, inclusive, há um grande debate sobre o que significa ser inteligente e se as máquinas podem sê-lo. Perguntas sobre se as máquinas podem ter uma mente e quais poderiam ser os aspectos éticos sobre a possibilidade de construir máquinas "pensantes".

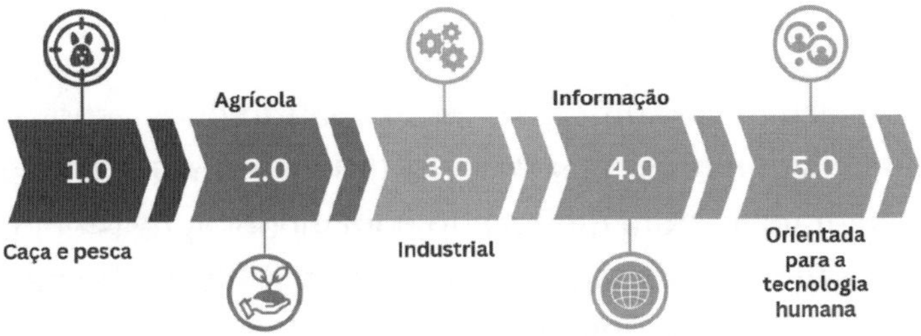

Nessa sociedade 5.0, onde a verdadeira evolução tecnológica deve colocar em primeiro lugar o bem-estar das pessoas, a missão da Igreja deve ser presença profética. O teólogo Romano Guardini em *Lettere dal Lago di Como* (2013) afirma que, para dominar o "novo", é preciso penetrá-lo com profundidade e espiritualidade.

> Para poder ter domínio do "novo" devemos, de maneira justa penetrá-lo. Devemos dominar a força das ondas, direcionando-as para a elaboração de uma ordem nova, que sejam em referência ao homem. Mas, em última análise, não se pode cumprir tal obra tendo como ponto de partida os problemas técnicos; essa só

> será possível a partir do homem vivente. É verdade que se trata de problemas de natureza técnica, científica, política; mas esses não podem ser resolvidos se não procederem do homem. **Deve formar-se um novo tipo humano, dotado de uma mais profunda espiritualidade, de uma liberdade e interioridade novas, de uma capacidade de assumir formas novas e criá-las.**[12]

Essa reflexão de Guardini, mencionada com destaque por Ammendolia e Petricca (2023), convida a Igreja a penetrar a cultura digital não com medo ou resistência, mas com profundidade espiritual, sensibilidade humana e discernimento profético. É insuficiente considerar que a resposta aos desafios de uma sociedade hiperconectada reside em soluções técnicas, mas consiste, primeiramente, na formação de sujeitos enraizados no Evangelho, capazes de orientar o uso da tecnologia para o bem comum.

O que considerarmos ser um novo humanismo, repensado na perspectiva do *onlife*, abordado no capítulo 2 deste livro, está estacado em Jesus Cristo, na relação com esta Pessoa que transforma o modo de ser, de comunicar e de construir comunidade. É a partir dessa centralidade de Jesus, da pessoa e da lógica do amor fraterno que a pastoral digital deve se estruturar operar.

---

12 GUARDINI (2013) *citado* AMMENDOLIA; PETRICCA, 2023, p. 29. Tradução dos autores (grifo nosso).

Diante desse cenário, é compreensível o desejo por respostas prontas, fórmulas seguras que garantam eficácia pastoral em tempos tão incertos. Contudo, como sugere o próprio *The Onlife Manifesto*, trata-se de um caminho ainda em construção. Vivemos o desafio de "construir a jangada enquanto se nada"[13], ou, estamos trocando roda com o carro em movimento. É um tempo que exige criatividade responsável baseado no discernimento constante e profunda confiança no Espírito.

A atitude fundamental, conforme indica Romano Guardini, em outra de suas cartas, é "aguçar o olhar, sustentando a travessia da multiplicidade à convergência e da dispersão à profundidade"[14]. A pastoral digital, enraizada nesse novo humanismo em Cristo, deve então cultivar um olhar refinado, atento aos sinais dos tempos e capaz de discernir, no meio das inovações e rupturas, as sementes do Reino.

Nesse horizonte, o desafio pastoral não é apenas acompanhar as mudanças, mas formar sujeitos capazes de discerni-las e, a partir da experiência de fé, propor caminhos que humanizem os processos tecnológicos. A missão da Igreja, portanto, é profundamente antropológica e espiritual: trata-se de sustentar a travessia com fidelidade a Jesus, que torna a presença da Igreja no mundo digital verdadeiramente profética.

---

13 FLORIDI, 2015, p. 12. Tradução dos autores.

14 GUARDINI (2013) *citado* AMMENDOLIA; PETRICCA, 2023, p. 30. Tradução dos autores (grifo nosso).

4. A Igreja dialoga com os novos contextos comunicacionais

A temática da relação entre a Igreja e a comunicação, especialmente no que se refere às novas tecnologias, revela um caminho ascendente e contínuo, marcado pelo esforço de compreender os contextos emergentes e em constante transformação, impulsionados sobretudo pelo desenvolvimento acelerado das tecnologias digitais. Esse percurso é caracterizado não apenas por adaptações técnicas, mas por um processo de discernimento pastoral e teológico diante das novas linguagens, mediações e formas de viver a cultura.

Ao longo das últimas décadas, observa-se um movimento progressivo por parte do Magistério da Igreja, no sentido de promover o diálogo entre fé e cultura – um elemento essencial para a evangelização, particularmente em sua dimensão teológico-pastoral. Trata-se de um esforço que visa responder aos desafios do tempo presente sem perder de vista a missão fundamental da Igreja: anunciar o Evangelho de forma encarnada na realidade humana.

Esse processo, no entanto, não se deu sem tensões. Foi um percurso, por vezes, marcado por resistências, hesitações e até mesmo por conflitos internos. Uma história frequentemente atravessada por desafios e incompreensões diante do novo, mas também iluminada pela esperança e pela fidelidade ao Espírito que conduz a Igreja em seu caminho de constante renovação. O compromisso com o diálogo, o desejo de presença significativa nos ambientes culturais e a escuta atenta às mudanças tornaram-se elementos centrais na caminhada eclesial rumo a uma evangelização que se realiza de forma plena no contexto da cultura digital.

4.1. Abertura conciliar e desenvolvimento histórico

Parece-nos oportuno mencionar, ainda que brevemente, que o grande ponto de partida dessa caminhada foi o Concílio Vaticano II (1962-1965), que se apresenta como um divisor de águas para compreender e dialogar com o homem a mulher contemporâneos, conforme apontado pela constituição *Gaudium et Spes*.

Do Concílio Vaticano II emergiu, ainda que com resistências internas, o decreto *Inter Mirifica*[1] (1963), o primeiro documento do magistério eclesial voltado especificamente aos meios de comunicação social. Embora breve – composto por apenas 24 artigos –, ele representou um marco decisivo ao reconhecer a importância dos instrumentos de comunicação para a vida e a missão da Igreja, legitimando a ação comunicativa como parte integrante da evangelização. *Inter Mirifica* foi, assim, o

1 Para aprofundar sobre esse decreto, recomendamos a leitura Inter Mirifica – texto e comentário de Joana T. Puntel (Ed. Paulinas, 2012).

ponto de partida para o surgimento da Pastoral da Comunicação, que, nas décadas seguintes, consolidou-se como dimensão transversal da ação evangelizadora, refletindo a consciência de que comunicar a fé é comunicar a própria vida e missão da Igreja no mundo contemporâneo.

Essa abertura inicial foi acompanhada e fortalecida, ao longo dos anos, pela atuação do então Pontifício Conselho para as Comunicações Sociais (PCCS), atualmente correspondente à estrutura do Dicastério para a Comunicação. Este organismo do Vaticano desempenhou papel crucial na elaboração de uma série de documentos que aprofundaram o olhar eclesial sobre os desafios e oportunidades das novas tecnologias. Entre esses documentos, destacam-se *Igreja e Internet* e *Ética na Internet,* ambos publicados em 2002, que já delineavam a necessidade de discernimento ético e pastoral diante do crescente ambiente digital. Essas produções indicavam que os meios de comunicação não deveriam ser vistos apenas como instrumentos neutros, mas como espaços simbólicos e culturais nos quais a Igreja é chamada a testemunhar o Evangelho com criatividade, escuta e responsabilidade.

É no magistério pós-conciliar que se observa uma progressiva maturidade no diálogo com a cultura da comunicação, especialmente diante das transformações trazidas pela digitalização, pela convergência midiática e pela interatividade em rede. A evangelização, nesse contexto, é compreendida não como mera transmissão de conteúdos, mas como experiência de encontro, proximidade e comunhão – exigindo, portanto, um renovado empenho pastoral e formativo da

Igreja para habitar os novos ambientes com sabedoria e autenticidade.

4.2. As mensagens para o Dia Mundial das Comunicações Sociais[2]

O prolongamento da abertura da Igreja para inculturar-se e dialogar no mundo da comunicação está presente, especialmente, nas mensagens dos Papas para o Dia Mundial das Comunicações, celebrado anualmente no domingo da Ascensão do Senhor. Há cinquenta e nove anos, o Magistério da Igreja – por meio dos Papas Paulo VI, João Paulo II, Bento XVI e Francisco – acompanha o desenvolvimento e as contínuas mudanças que ocorrem no âmbito da comunicação, um fenômeno em constante transformação, repleto de criatividade, articulações e consequências para a sociedade contemporânea.

A centralidade dessas mensagens, em consonância com a missão fundamental da Igreja, tem sido sempre colocar a pessoa humana como centro do papel histórico e da função que os meios de comunicação têm na construção do viver humano, segundo sua vocação basilar de ser humano e filho de Deus.

Na era digital, o Papa Bento XVI dedicou cinco mensagens ao tema, desenvolvendo um caminho progressi-

2 Para aprofundar a temática do Dia Mundial das Comunicações Sociais, recomendamos as obras *"A comunicação nos passos de João Paulo II"*, de Joana T. Puntel (Ed. Paulinas, 2012), *"Os Papas da Comunicação – Estudo sobre as mensagens do Dia Mundial das Comunicações Sociais"*, de Helena Corazza e Joana T. Puntel (Ed. Paulinas, 2019). Na dissertação de mestrado de Marcus Túlio Oliveira Neto (PUC Minas, 2024), intitulada *"Igreja em rede: análise comparativa das proposições dos papas Bento XVI e Francisco para a comunicação"*, é possível ter uma visão sobre os dois últimos pontificados.

vo de reflexão e envolvimento. Ele convidou os cristãos a povoar o "continente digital"[3] com diálogo, respeito, amizade e presença cristã. Reconhecendo que a mídia digital tem linguagem própria e também suas armadilhas, Bento XVI convocou a Igreja a escutar a rede, dialogar com os internautas e manter consciência crítica diante dos grandes monopólios empresariais que controlam essas mídias. Para ele, a Igreja deveria exercer ali uma verdadeira "diaconia da cultura", como afirmou em 2009. Em 2011, reforçou:

> Quero convidar os cristãos a unirem-se confiadamente e com criatividade consciente e responsável na rede de relações que a era digital tornou possível; e não simplesmente para satisfazer o desejo de estar presente, mas porque esta rede tornou-se parte integrante da vida humana.[4]

Reforça-se, assim o imperativo para uma mudança de mentalidade no realizar (processar) a comunicação. Um grande e necessário desafio para a atualidade da Igreja, porque está nascendo "uma nova maneira de aprender e ensinar", conforme manifestou na mesma mensagem de 2011.

3 A expressão é usada na mensagem para 43º Dia Mundial das Comunicações Sociais, em 2009, *"Novas tecnologias, novas relações. Promover uma cultura de respeito, de diálogo, de amizade"*, e na mensagem de 2010, *"O sacerdote e a pastoral no mundo digital: os novos media ao serviço da Palavra"*.

4 BENTO XVI, Papa. *Mensagem do Papa Bento XVI para o 45º Dia Mundial das Comunicações Sociais*. Vaticano: Libreria Editrice Vaticana, 24 jan. 2011. Disponível em https://www.vatican.va/content/benedict-xvi/pt/messages/communications/documents/hf_ben-xvi_mes_20110124_45th-world-communications-day.html. Acesso em 8 de jun. 2025.

Em suas 12 mensagens para o dia Mundial das Comunicações, Francisco incentiva a reflexão e o diálogo iniciado com o Concílio Vaticano II. Em sua pedagogia própria, vai tecendo cada vez mais elementos essenciais para uma cultura do encontro, gerando processos comunicacionais que se apresentam cada vez mais complexos na sociedade contemporânea.

Suas mensagens revelam aspectos fundamentais de sua pedagogia comunicacional, marcada por uma perspectiva convergente, evidenciando que é no encontro e na unidade que se manifesta a força do Evangelho, iluminando a missão evangelizadora. Um exemplo dessa abordagem é a mensagem de 2015, inspirada pelo Sínodo sobre a família, intitulada *Comunicar a família: ambiente privilegiado do encontro na gratuidade do amor*. No ano seguinte, durante o Ano da Misericórdia, o Papa propôs o tema *Comunicação e Misericórdia: um encontro fecundo*, reforçando a centralidade do cuidado e da ternura nos processos comunicativos. Estes são apenas dois exemplos de como Francisco conectava a comunicação com a ação da Igreja.

Outro aspecto significativo é o modo como estrutura suas mensagens: elas não partem de conceitos técnicos ou de um saber exclusivamente teórico sobre comunicação, mas se enraízam na experiência humana concreta. O foco está nas relações cotidianas, na vida real das pessoas. Suas reflexões são atravessadas por uma antropologia enraizada no Evangelho, com referências bíblicas, socioculturais, teológicas e eclesiais, além de um olhar atento ao universo digital. Assim, aborda temas como internet, redes sociais, *fake news* e jornalismo comprometido com a verdade e a paz ou, como na mensagem de 2021, que convida a encontrar as pessoas "como são e onde estão"[5].

Na pedagogia comunicacional de Francisco, destaca-se ainda a compreensão da cultura digital como um espaço que precisa ser evangelizado a partir da escuta e da convivência. Suas mensagens insistem que a comunicação deve construir pontes, promover o encontro e favorecer a inclusão. Isso implica uma responsabilidade coletiva. Em sua mensagem de 2016, o Papa declarou:

> **Não é a tecnologia que determina se a comunicação é autêntica ou não, mas o coração do homem e sua capacidade de fazer bom uso dos meios a seu dispor**. As redes sociais são capazes de favorecer as relações e promover o bem da sociedade, mas podem também levar a uma maior polarização e divisão entre as pessoas e os grupos. O ambiente digital é uma praça, um lugar de encontro, onde é possível acariciar ou ferir, realizar uma discussão proveitosa ou um linchamento moral.[6]

---

5 FRANCISCO, Papa. *Mensagem do Papa Francisco para o LV Dia Mundial das Comunicações Sociais*. Vaticano: Libreria Editrice Vaticana, 23 jan. 2021. Disponível em https://www.vatican.va/content/francesco/pt/messages/communications/documents/papa-francesco_20210123_messaggio-comunicazioni-sociali.html. Acesso em 8 de jun. 2025.

6 FRANCISCO, Papa. *Mensagem de Sua Santidade Papa Francisco para o 50º Dia Mundial das Comunicações Sociais*. Vaticano: Libreria Editrice Vaticana, 24 jan. 2016. Disponível em https://www.vatican.va/content/francesco/pt/messages/communications/documents/papa-francesco_20160124_messaggio-comunicazioni-sociali.html. Acesso em 8 jun. 2025 (grifo nosso).

Ainda, em 2016, acentua a rede como um espaço para construção e exercício da verdadeira cidadania, contribuindo para fazer crescer uma sociedade sadia e aberta à partilha. "O acesso às redes digitais implica uma responsabilidade pelo outro, que não vemos, mas é real, tem sua dignidade que deve ser respeitada."[7]

Para além das mensagens para o Dia Mundial das Comunicações, é importante observar outros documentos magisteriais que mencionam questões referentes à comunicação. Na encíclica *Fratelli Tutti* (n. 43), Francisco adverte "a [simples] conexão digital não é suficiente para construir pontes, não é capaz de unir a humanidade". Ele denuncia que, sem responsabilidade, as redes se tornam plataformas de desrespeito e ódio, e a comunicação corre o risco de se tornar uma "ilusão".

Diante da complexidade do mundo digital, a centralidade da pessoa humana deve permanecer o eixo orientador da evangelização. Pelo fascínio e encantamento das possibilidades que o mundo digital nos oferece, há uma exigência para o reinventar, inovar e educar para viver o ressignificado de novas relações, consigo mesmo, na família, nas comunidades, no trabalho. E aqui o reinventar, inovar nossa produção no mundo digital deve ser evangelizar para que o ser humano viva uma nova realidade de sentir-se interligado uns aos outros de maneira que a fraternidade e a solidariedade não fiquem canceladas pelo isolamento.

Daí que, seguindo os apelos do Concílio Vaticano II, realizar a comunicação não é simplesmente noticiar,

7 Ibid.

mas é envolver as pessoas em uma nova humanização, que perpassa a educação – uma comunicação das relações humanas e evangélicas. Isto passa pelos novos métodos, pelo esvaziamento de nós mesmos para poder obter uma mudança de mentalidade. Os critérios são sempre a Boa Nova de Jesus Cristo. Não é a produtividade baseada unicamente no profissionalismo, no número de likes, no mercado, mas os critérios do Reino de Deus[8].

Nas encíclicas *Laudato Si'*[9] e *Fratelli Tutti*, o Papa Francisco reforça a visão de um mundo profundamente conectado. Na *Laudato Si'*, de 2015, a expressão "tudo está interligado" aparece como eixo central da ecologia integral e é repetida cinco vezes ao longo do texto (16, 91, 117, 138 e 240), indicando que a crise ambiental, social, econômica e espiritual são dimensões de uma mesma realidade que exige uma resposta integrada.

Trata-se de um Papa que promoveu, de maneira clara, uma cultura informacional orientada para o bem comum e para a dignidade humana. Essa sensibilidade também se manifestou no Sínodo dos Bispos sobre os jovens (2018), quando Francisco incentivou

---

8 O assunto é abordado por Dom Joaquim Giovani Mol Guimarães na entrevista "Sopradores de brasas". *Cadernos Teologia Pública.* Ano XVII – Vol. 17 – n. 149 – 2020. ISSN 2446-7650. Disponível em http://www.ihu.unisinos.br/images/stories/cadernos/teopublica/149cadernosteologiapublica.pdf. Acesso em mar. 2025.

9 FRANCISCO, Papa. **Carta encíclica Laudato Si'**: sobre o cuidado da casa comum. Vaticano: Libreria Editrice Vaticana, 24 mai. 2015. Disponível em https://www.vatican.va/content/francesco/pt/encyclicals/documents/papa-francesco_20150524_enciclica-laudato-si.html. Acesso em 8 jun. 2025.

uma escuta aberta, inclusive pelas redes digitais, reconhecendo o papel das tecnologias na formação e expressão das novas gerações. Nesse contexto, demonstrou atenção às questões emergentes, como a inteligência artificial, estimulando a reflexão pastoral e ética sobre seus impactos.

5. Inteligência Artificial e evangelização: uma perspectiva crítica

Uma constatação: a inteligência artificial (IA) não é mais um projeto do futuro distante, mas uma realidade que já está moldando profundamente a sociedade. Seu impacto abrange desde a automação de tarefas cotidianas até decisões complexas em áreas como saúde, direito, segurança, mobilidade e comunicação. Não há como pensar uma verdadeira pastoral digital sem tocar no tema da IA e, hoje, pode parecer redundante, repetitivo, dada a euforia que presenciamos sobre a notável evolução dos sistemas tecnológicos.

Esses avanços, embora promissores, trazem também riscos éticos, sociais e espirituais. A presença cada vez mais difusa de algoritmos nos ambientes digitais levanta questões sobre privacidade, manipulação da informação, desigualdade no acesso e na perda de autonomia humana.

Do ponto de vista pastoral, a IA provoca perguntas fundamentais sobre o que significa ser humano, como discernir a verdade em um contexto de pós-verdade e qual o papel da Igreja em ambientes mediados por sistemas automatizados. É nesse cenário que a evangelização precisa refletir criticamente e se posicionar profeticamente. As inteligências artificiais formam um novo paradigma tecnológico com acelerado desenvolvimento e geram mudanças antropológicas e socioculturais significativas.

Durante seu pontificado, especialmente nos últimos anos, o Papa Francisco levantou uma voz profética na reflexão sobre o desenvolvimento tecnológico e sua relação com a dignidade humana. Desde a *Laudato Si'* (2015), alerta para os perigos de um paradigma tecnocrático dominante[1] desvinculado de valores humanos, afirmando que "o imenso crescimento tecnológico não foi acompanhado por um desenvolvimento do ser humano quanto à responsabilidade, aos valores, à consciência"[2].

Francisco não deixou de apontar que "os desafios que a IA coloca não são apenas de ordem técnica, mas também antropológica, educacional, social e política", conforme mencionado na mensagem para o Dia Mundial da Paz, em 2024. Se ela, por exemplo, proporciona economia de esforços, produção mais eficiente, transportes mais fáceis e mercados mais dinâmicos, bem como uma revolução nos processos de recolher os dados, é preciso, ao mesmo tempo garantir um uso consciente que possa salvaguardar os direitos humanos fundamentais, respeitando as instituições e as leis que promovem o progresso humano integral.

1 O tema é abordado no capítulo III da encíclica *Laudato Si'*, entre os parágrafos 101 e 123.

2 LS, n. 105.

O Magistério sabe que a IA se torna cada vez mais importante. Mas é imprescindível também recordar que a pesquisa científica e as inovações tecnológicas não estão desencarnadas da realidade, nem são neutras, mas estão sujeitas às influências culturais[3].

Diante do avanço veloz da inteligência artificial, o Magistério da Igreja não permaneceu indiferente. Pelo contrário, tem assumido um papel ativo, comprometido com o discernimento ético, espiritual e pastoral frente às transformações em curso. A Igreja, com isso, demonstra que a evangelização não está alheia aos grandes temas de nosso tempo, mas que deseja contribuir para a construção de uma sociedade digital mais justa, solidária e humanizada.

A seguir, são apresentados os principais documentos e iniciativas do Vaticano e de entidades eclesiais que abordam a questão da inteligência artificial, seus riscos, possibilidades e implicações para a missão da Igreja. A data de corte da publicação é o lançamento desta edição.

- **Rome Call for AI Ethics (2020)**[4]: documento assinado pela Pontifícia Academia para a Vida, Microsoft, IBM, FAO e Ministério da Inovação, parte do Governo Italiano, em Roma, em 28 de fevereiro de 2020, para promover uma abordagem ética à inteligência artificial. A ideia por trás disso é promover um senso de responsabilidade compartilhada entre organizações inter-

3 Cf. LS, n. 114.

4 https://www.romecall.org/

nacionais, governos, instituições e o setor privado, em um esforço para criar um futuro em que a inovação digital e o progresso tecnológico garantam a centralidade da humanidade. Este documento marcou um compromisso ético com o desenvolvimento da IA, enfatizando três princípios: ético (proteger a dignidade humana), educacional (formar para a responsabilidade no uso das tecnologias) e jurídico (desenvolver uma governança ética). Introduziu o termo "algorética", criado por Paolo Benanti, como proposta para uma ética dos algoritmos. Define seis princípios para o desenvolvimento da IA: transparência, inclusão, responsabilidade, imparcialidade, confiabilidade e segurança. Desde seu lançamento, foi assinado por diferentes atores sociais, políticos e religiosos.

- **Fundação RenAIssance (2021)**: Instituída por Francisco como uma organização sem fins lucrativos, com o objetivo de promover o diálogo interdisciplinar sobre as implicações éticas e antropológicas das novas tecnologias na vida humana, incentivando a reflexão e a governança ética da IA. Está registrada no cadastro de ONGs (Organizações Sem Fins Lucrativos) junto ao Governadorado do Estado da Cidade do Vaticano.
- **AI Ethics: An Abrahamic Commitment to the Rome Call (2023)**: Em continuação

ao Rome Call, este compromisso inter-religioso foi assinado por líderes das tradições islâmica, judaica e cristã, reforçando a centralidade da dignidade humana no uso da IA. O documento promoveu a educação tecnológica e defendeu mecanismos internacionais de regulação e governança ética.

- **Mensagem para o Dia Mundial da Paz (2024)**[5]: Com tema *Inteligência Artificial e Paz, F*rancisco abordou os múltiplos impactos da IA, destacando que seus desafios não são apenas técnicos, mas também antropológicos, educacionais, sociais e políticos. Chamou atenção para o risco de manipulação das escolhas humanas e para a necessidade de estruturas regulatórias que garantam o bem comum e os direitos fundamentais.
- **Mensagem para o Dia Mundial das Comunicações (2024)**[6]: Em consonância com a mensagem para o Dia Mundial da Paz, Francisco alertou os comunicadores sobre as muitas modificações operadas na

5 FRANCISCO, Papa. **Mensagem do Papa Francisco para a celebração do Dia Mundial da Paz.** Vaticano: Libreria Editrice Vaticana, 8 dez. 2023. Disponível em https://www.vatican.va/content/francesco/pt/messages/peace/documents/20231208-messaggio-57giornatamondiale-pace2024.html. Acesso em 8 jun. 2025.

6 FRANCISCO, Papa. **Mensagem do Papa Francisco para o LVIII Dia Mundial das Comunicações Sociais**. Vaticano: Libreria Editrice Vaticana, 24 jan. 2024. Disponível em https://www.vatican.va/content/francesco/pt/messages/communications/documents/20240124-messaggio-comunicazioni-sociali.html. Acesso em 8 jun. 2025.

produção da informação e da comunicação, colocando questões fundamentais e lembrando que a comunicação autêntica se dá no respeito à experiência singular de cada ser humano. O tema desta mensagem foi *Inteligência artificial e sabedoria do coração: para uma comunicação plenamente humana*.

- **Discurso do Papa Francisco no G7 (2024)**[7]: Em encontro com líderes mundiais das 7 potências econômicas mundiais, o G7, em junho de 2024, Francisco caracterizou a IA como um instrumento fascinante e tremendo e afirmou que ela deve servir para a construção do bem comum e que seu desenvolvimento deve estar orientado por princípios éticos inspirados no valor da pessoa humana. Destacou que ciência e tecnologia são frutos da criatividade humana, dom de Deus.
- **Plenária da Pontifícia Academia das Ciências (2024)**[8]: O Papa alerta para os riscos da manipulação da opinião pública, do uso político da IA e dos impactos sobre

7 FRANCISCO, Papa. **Discurso do Papa Francisco na Sessão do G7 sobre Intelitência Artifical**. Vaticano: Libreria Editrice Vaticana, 14 jun. 2024. Disponível em https://www.vatican.va/content/francesco/pt/speeches/2024/june/documents/20240614-g7-intelligenza-artificiale.html. Acesso em 8 jun. 2025.

8 FRANCISCO, Papa. **Discurso do Papa Francisco aos participantes no plenário da Pontifícia Academia das Ciências**. Vaticano: Libreria Editrice Vaticana, 23 set. 2024. Disponível em https://www.vatican.va/content/francesco/pt/speeches/2024/september/documents/20240923-plenaria-accademia-scienze.html. Acesso em 8 jun. 2025.

crianças e vulneráveis. Reitera o chamado ao discernimento e à responsabilidade.
- **Nota *Antiqua et Nova* (2025)**[9]: Publicada pelos Dicastérios para a Doutrina da Fé e para a Cultura e Educação, esta nota doutrinária aprovada pelo Papa Francisco analisa a relação entre inteligência artificial e inteligência humana . Reconhecendo a IA como "produto" da inteligência humana – e não seu substituto –, o documento alerta para os riscos à verdade, à autonomia moral e às relações interpessoais, enfatizando: a IA deve complementar, nunca sobrepor-se à inteligência humana. A nota aborda questões cruciais como armas autônomas, *deepfakes*, manipulação política, vigilância, desigualdade digital e consumo excessivo de recursos naturais. Sua mensagem é clara: qualquer avanço tecnológico deve respeitar a dignidade humana e ser guiado por uma ética integral, ecoando o chamado do Papa por uma "sabedoria do coração".

Importante perceber que em todas as mensagens de Francisco e/ou organismos da Cúria Romana, bem como em seus encontros com os cientistas, o que a Igreja oferece são os critérios que devem estar presen-

9 DICASTÉRIO PARA A DOUTRINA DA FÉ e DICASTÉRIO PARA A CULTURA E A EDUCAÇÃO. **Antiqua et Nova. Nota sobre a relação entre a inteligência artificial e a inteligência humana.** Vaticano: Libreria Editrice Vaticana, 28 jan. 2025. Disponível em https://www.vatican.va/roman_curia/congregations/cfaith/documents/rc_ddf_doc_20250128_antiqua-et-nova_sp.html. Acesso em 8 jun. 2025.

tes na reflexão e produção dos sistemas da inteligência artificial. A posição do Magistério é, então, dialogar, oferecer critérios e defender a primazia humana, em sua dignidade.

O fio condutor para o magistério é, sem dúvida, a questão ética. Ele aparece de maneira bastante contundente na mensagem para o Dia Mundial da Paz, quando alerta sobre decisões que impactam diretamente a vida das pessoas – como acesso a crédito, emprego, benefícios sociais ou julgamento de condutas – e podem vir a ser tomadas por sistemas de inteligência artificial. Esses processos automatizados, ao carecerem de mediações humanas diversificadas, estão sujeitos a erros que geram preconceitos, injustiças e desigualdades sociais, com riscos de um "efeito dominó" que fragiliza ainda mais os mais vulneráveis.

Além disso, Francisco denuncia o perigo de manipulação algorítmica por meio de "opções predeterminadas" e vigilância invasiva, como em sistemas de crédito social, que reduzem a pessoa a categorias fixas. "O respeito fundamental pela dignidade humana requer a rejeição de que a unicidade da pessoa seja identificada com um conjunto de dados", afirma o Papa, defendendo que algoritmos não podem substituir valores como compaixão, perdão ou a capacidade de recomeço. Também no mundo do trabalho, o avanço da IA exige um apelo urgente à dignidade dos trabalhadores, à equidade salarial e à estabilidade dos empregos.

Em âmbito regional, o Conselho Episcopal Latinoamericano e Caribenho (CELAM), expressão de comunhão da Igreja peregrina neste continente e atento aos sinais dos tempos, publicou o documento *La Inteligen-*

cia Artificial: Una mirada pastoral desde América Latina y el Caribe[10]. Trata-se de uma análise interdisciplinar sobre os impactos da IA à luz da fé cristã e da realidade sociocultural. O material foi elaborado por especialistas de diversas áreas e de diversos países do continente, incluindo dois brasileiros.

Em âmbito de Brasil, é importante destacar o texto chamado *Inteligência Artificial e Perspectivas Pastorais*, apresentado durante a Assembleia Geral da Conferência Nacional dos Bispos do Brasil (CNBB), em 2024, enfatizando as preocupações éticas e sua conexão com os diversos temas da ação evangelizadora, especialmente àqueles ligados às comissões temáticas presentes na conferência episcopal. Também o Grupo de Reflexão sobre Comunicação (Grecom) da Comissão Episcopal para a Comunicação da Social da CNBB produziu, em 2024, um texto motivado pela mensagem do Papa Francisco ao Dia Mundial das Comunicações Sociais intitulado *Inteligência Artificial e Igreja*[11]. Estes dois textos seguem em profunda sintonia com os demais textos citados.

O Papa Leão XIV tem sinalizado, desde os primeiros dias de seu pontificado, a importância de que a Igreja responda com lucidez e coragem aos grandes desafios da contemporaneidade, entre os quais se destaca o desenvolvimento da inteligência artificial. Na primeira audiência com os membros do Colégio Cardinalício, Leão

10 Documento disponível para download em https://adn.celam.org/celam-presenta-documento-inedito-sobre-inteligencia-artificial-una-mirada-pastoral-desde-america-latina-y-el-caribe/. Acesso em 8 jun. 2025. Até a finalização desta edição, o documento estava disponível em língua espanhola.

11 O texto está disponível para download em https://pascombrasil.org.br/inteligencia-artificial-e-igreja/

XIV justificou a escolha de seu nome e mencionou os dilemas da IA:

> Justamente por me sentir chamado a seguir nessa linha, pensei em adotar o nome de Leão XIV. Na verdade, são várias as razões, mas a principal é porque o Papa Leão XIII, com a histórica Encíclica *Rerum Novarum*, abordou a questão social no contexto da primeira grande revolução industrial; e, hoje, a Igreja oferece a todos a riqueza de sua doutrina social para responder a outra revolução industrial e aos desenvolvimentos da inteligência artificial, que trazem novos desafios para a defesa da dignidade humana, da justiça e do trabalho.[12]

Em seu discurso aos comunicadores, durante um encontro com profissionais da mídia, o Papa reforçou a urgência de se tratar a IA com discernimento, responsabilidade e espírito de serviço ao bem comum:

> Penso, particularmente, na inteligência artificial com seu imenso potencial que, no entanto, exige responsabilidade e discernimento para orientar as ferramentas para o bem de todos, a fim de que possam produzir benefícios para a humani-

12 LEÃO XIV, Papa. **Audiência aos Membros do Colégio Cardinalício**. Vaticano: Libreria Editrice Vaticana, 10 mai. 2025. Disponível em https://www.vatican.va/content/leo-xiv/pt/speeches/2025/may/documents/20250510-collegio-cardinalizio.html. Acesso em 8 jun. 2025.

> dade. E esta responsabilidade diz respeito a todos, em proporção à idade e aos papéis sociais.[13]

Há que se pensar que a inteligência artificial levanta também profundas questões teológicas e pastorais, além das questões éticas. O que significa ser imagem e semelhança de Deus em uma era de máquinas que aprendem e agem? Como manter a centralidade da pessoa humana quando decisões são cada vez mais delegadas a sistemas automatizados? Como evangelizar em um mundo em que os algoritmos determinam o que as pessoas veem, escutam e acreditam?

As tecnologias baseadas em algoritmos, a partir dos vestígios digitais deixados pelos usuários, podem extrair dados e controlar hábitos mentais e relacionais com fins comerciais ou políticos, muitas vezes sem o conhecimento dos indivíduos, comprometendo sua liberdade de escolha. Outro dilema presente nas reflexões sobre IA é a questão ambiental, especialmente implicada quando se fala do cuidado da casa comum.

13 LEÃO XIV, Papa. **Audiência do Santo Padre Leão XIV aos agentes da comunicação**. Vaticano: Libreria Editrice Vaticana, 12 mai. 2025. Disponível em https://www.vatican.va/content/leo-xiv/pt/speeches/2025/may/documents/20250512-media.html. Acesso em 8 jun. 2025.

6. Caminhos para uma pastoral digital

A pastoral, como expressão viva do cuidado da Igreja com o ser humano em sua realidade concreta, é chamada permanentemente a dialogar com os sinais dos tempos, conforme apresentamos até agora. Uma mudança paradigmática exige, de maneira muito prática e objetiva, mudança de mentalidade.

O ambiente digital, marcado por transformações profundas e contínuas, configura não apenas um novo território de atuação, mas impõe à pastoral a necessidade de revisar suas dinâmicas, suas linguagens e seus métodos. A missão, nesse novo contexto, não pode ser reduzida a uma adaptação técnica, mas deve emergir como um novo modo de ser, estar e anunciar no hoje da história.

6.1. Conceito de pastoral digital na perspectiva *onlife*

À luz do magistério do Papa Francisco, os autores Fortunato Ammendolia e Ricardo Petricca, definiram desta maneira o que significa pastoral digital.

> O termo *pastoral digital* é indicativo do conjunto de processos destinados a fazer interagir adequadamente a pastoral e as tecnologias digitais, para que se realize um sair, anunciar, habitar, educar e transfigurar da Igreja na perspectiva *onlife*. A celebração, a catequese e a caridade deverão, portanto, realizar-se na era da hiperconectividade, considerando, portanto, a cultura e a comunicação digital.[1]

Os cinco verbos mencionados pelos autores apontam para atitudes e processos existenciais que devem orientar a ação pastoral da Igreja na cultura digital.

6.1.1. Sair: uma Igreja em movimento também no digital

Sair pode ser lido como o verbo da missão, especialmente sobre o que já se mencionou previamente sobre Igreja em saída. A atenção dos agentes pastorais deve ser para que esta saída não seja aleatória ou sem rumo. A pastoral digital começa por um movimento de descentralização: ir ao encontro das pessoas onde elas estão, nas periferias sociais, geográficas, existenciais. Sair para encontrar as pessoas nas redes sociais, plataformas digitais, fóruns, aplicativos e ambientes imersivos, e também nas periferias digitais. Sair pressupõe atitudes de escuta, abertura e disposição para entrar em contato com a vida concreta das pessoas no fluxo das conexões.

1 AMMENDOLIA; PETRICCA, 2023, p. 44. Tradução dos autores.

No mundo digital, isso implica enfrentar os riscos da dispersão e do excesso de informações, que, por vezes, provoca ruídos intensos, mas também reconhecer que ali habitam pessoas em busca de sentido, escuta, vínculo e esperança. A pastoral digital precisa deixar a "zona de conforto" e tomar a iniciativa, sem medo de se expor, de ser criticada, de errar ou de se reinventar. Nesse êxodo missionário digital, a Igreja se compromete a tornar visível o amor de Deus também nas margens da rede.

6.1.2. Anunciar: comunicar o Evangelho na linguagem das redes

O segundo verbo é **anunciar**. O anúncio do Evangelho no ambiente digital requer comunicar a fé com clareza e sensibilidade cultural. O digital é um espaço onde as narrativas competem por atenção e sentido, e onde o superficial e o efêmero tendem a predominar. Nesse contexto, o anúncio cristão não deve ser outro senão aquele do próprio Jesus, que exalava as características do estilo comunicativo de Deus, muitas vezes referenciado pelo Papa Francisco: proximidade, compaixão e ternura[2].

Anunciar digitalmente não é reproduzir discursos, mas, em uma abertura ao Espírito criador e criativo, gerar experiências que façam sentido às pessoas. É importante lembrar que o Evangelho não se comunica apenas com palavras, mas com gestos, silêncios, imagens, posturas e afeto. A pastoral digital deve buscar uma comunicação que reflita a ternura do Pai, a compaixão do Filho e a presença do

2 O Documento Rumo à presença plena, na nota de rodapé 32, comenta a recorrência deste tripé em distintas ocasiões do pontificado do Papa Francisco, como audiências, homilias e outros.

Espírito, sem cair na lógica do *marketing* religioso ou da vaidade virtual, extremamente autorreferenciais.

6.1.3. Habitar: presença autêntica na cultura digital

Habitar pode parecer um verbo difícil de ser empregado quando se refere ao digital. Contudo, na medida em que se vai mudando a mentalidade de uma lógica de utilização das redes, o habitar torna-se quase natural. É o resultado desta passagem de uma lógica instrumental para uma lógica habitativa, que exige mais do que técnica: exige, realmente, encarnação.

A presença pastoral nesse ambiente não pode ser intermitente, automatizada ou puramente institucional. É preciso cultivar relações autênticas, acompanhar processos, oferecer escuta qualificada e manter-se fiel ao compromisso com a verdade e a caridade.

Habitar também significa reconhecer que a cultura digital é central para a vida de milhões de pessoas, constrói identidades e influencia decisões. A pastoral digital deve, portanto, assumir o desafio de tornar-se presença significativa, confiável e acolhedora, promovendo vínculos humanos profundos e gerando comunidades vivas com sabor, cheiro e toque de Evangelho no coração da infosfera.

6.1.4. Educar: formar para o discernimento e a cidadania digital

A educação para o uso responsável das tecnologias é parte essencial da missão pastoral. A Igreja é chamada a formar discípulos conscientes também no mundo digital, capazes de discernir entre o bem e o mal, de agir com liberdade interior e de testemunhar o Evangelho com sabedoria.

Educar digitalmente para desenvolver a inteligência crítica, a ética da comunicação, o cuidado com o outro, a cultura da escuta e a capacidade de presença atenta. Educar envolve também formar comunidades que saibam ler os sinais do tempo, também no ambiente digital e respondê-los com coerência evangélica.

Sendo a formação um espaço privilegiado para crescer na fé e no seguimento de Jesus de Nazaré, a pastoral digital considere a formação para todo o povo de Deus – cristãos leigos, religiosas e religiosos, ministros ordenados, em uma perspectiva integral e sinodal, preparando-os para um testemunho autêntico nos ambientes digitais. Uma formação estruturada desta maneira responderá de maneira muito satisfatória àquilo que é apresentado, especialmente, na quinta parte do Documento Final do Sínodo.

6.1.5. Transfigurar: dar rosto cristão à cultura digital

Por fim, o verbo transfigurar remete-nos diretamente à experiência bonita narrada no Evangelho, quando Jesus leva consigo Pedro, João e Tiago para orar na montanha (cf. Lc 9,28-36).

Transfigurar é deixar o Evangelho iluminar e transformar o ambiente digital, dando-lhe sabor evangélico. Não basta estar nas redes; é necessário contribuir para que essas redes se tornem mais humanas, justas e solidárias. A transfiguração acontece quando a presença cristã no digital se torna sinal de esperança, de reconciliação e de nova vida.

Esse processo passa por pequenas atitudes cotidianas: comentários respeitosos, conteúdos que promovem a paz, iniciativas de solidariedade, espaços oportunos para escuta, ou mesmo as ações que já são oferecidas em muitos lugares, como a transmissão de celebrações e momentos catequéticos. A transfiguração digital é também profética: questiona as lógicas do consumo, da polarização, da cultura do descarte e da vaidade, propondo um modo alternativo de viver e comunicar.

6.2. Formar comunidades conscientes *onlife*

Uma pastoral digital não se limita a estratégias de presença ou difusão de conteúdos, mas busca formar comunidades que habitem o ambiente digital com consciência crítica, maturidade humana e fé encarnada.

Ammendolia e Petricca[3] motiva a formar comunidades conscientes *onlife*. Na raiz da vida cristã está a vocação para a comunhão e para viver em comunidade – que, por sinal, é a mesma raiz da palavra comunicação. Ser discípulo de Jesus é viver em comunidade, partilhar a fé e caminhar junto com "todos, todos todos".

Por isso, também na cultura digital, formar comunidades conscientes *onlife* é uma expressão coerente da própria identidade da Igreja, que é povo reunido em torno da Palavra, da Eucaristia e da caridade. Em um ambiente marcado pela fragmentação, pela lógica do es-

3 O tema é abordado no capítulo sétimo do livro dos autores já referenciado (p. 177-186).

petáculo e pela exposição individual, o desafio pastoral é nutrir vínculos autênticos e espiritualmente fecundos, mesmo que mediados pelas tecnologias

Formar comunidades conscientes *onlife* significa trabalhar uma dimensão existencial, ajudando as pessoas a perceber o que está presente no fluxo das conexões digitais, ou seja, dar-se conta do que se escreve, do que está presente nas fotos que são postadas, nos comentários que se fazem entre outros.

Formar comunidades conscientes *onlife* obriga-nos a estabelecer uma lógica de cuidado com o outro, ajudando a reconhecer, distinguir, compreender, refletir, aceitar, acolher, escolher, decidir e agir com inteligência no ambiente digital.

Cada perfil ativado, cada postagem ou comentário pode ser ocasião de encontro ou de ruptura. Assim, a missão da Igreja é acompanhar esse processo formativo, fazendo com que a infosfera tenha o "sabor do Evangelho", como dizem Ammendolia e Petricca, e possibilite a construção de laços que expressem o Reino de Deus também no ambiente onlife.

Uma pastoral verdadeiramente digital precisa, por fim, incluir os pobres no horizonte e em sua prática, para que ela não reproduza novas formas de desigualdade e exclusão, conforme destaca *Rumo à presença plena*. Incluir os pobres no mundo digital não é apenas uma questão técnica, mas uma exigência evangélica. Nesse sentido, a pastoral digital *com* os pobres (e não *para*) favorecerá, especialmente, sua organização comunitária; fomentará a mobilização social em torno de seus direitos e garantirá a vivência concreta da fraternidade. Somente assim, uma pastoral digital que nasce da escuta do Evangelho e da realidade será sempre uma pastoral que caminha com todos, sem deixar ninguém à beira do caminho.

6.3. Discernimento digital: conhecer, interpretar e escolher

Em tempos de aceleração tecnológica, o discernimento se torna uma necessidade vital para a ação pastoral e, até mesmo, uma atitude contracultural para romper com a ditadura da pressa. As transformações não são mais graduais ou previsíveis; elas impactam profundamente o modo de viver, de se relacionar e de pensar. Nesse cenário, a pastoral digital exige um processo contínuo de discernimento, que Ammendolia e Petricca sintetizam em três verbos fundamentais: conhecer, interpretar e escolher.

Conhecer é um primeiro gesto de aproximação, com humildade e abertura, compreender seus códigos, linguagens, dinâmicas e lógicas. O mundo *onlife* não é apenas uma extensão do mundo físico, mas um espaço existencial em que pessoas constroem sentido, buscam companhia, expressam fé e dúvidas. Pastoralmente, é necessário escutar e aprender com esse universo, sem preconceitos nem ingenuidades.

Interpretar significa confrontar esse conhecimento com os critérios do Evangelho. Não basta saber o que acontece no ambiente digital – é preciso medi-lo com os valores que Jesus usaria para seu tempo. "O que faria Jesus em meu lugar?", a frase do frei Ignacio Larrañaga, fundador das Oficinas de Oração e Vida, poderá ser muito útil para quem quer interpretar os sinais dos tempos e discernir o que, ali, promove vida, justiça, comunhão e esperança. Interpretar é educar o olhar, formar a consciência e oferecer referências éticas que ajudem as pessoas e as comunidades a viverem a fé de maneira crítica, lúcida e comprometida, mesmo nas redes.

Escolher, por fim, é a etapa da ação e que, muitas vezes, é se torna a primeira para quem age na pressa. A partir do que se conhece e se interpreta, é necessário tomar decisões. Quais as escolhas para iniciar uma comunidade digital consciente *onlife*? A pastoral digital, portanto, não se resume somente a criar páginas na *web*, ativar perfis sociais ou à digitalização de conteúdos, mas requer discernimento estratégico e espiritual, capaz de orientar ações coerentes com a fé e com os desafios éticos contemporâneos.

6.4. Pistas de ação para a pastoral digital

Uma pastoral digital enraizada na missão da Igreja e atenta aos sinais dos tempos precisa promover comunidades conscientes *onlife*, comprometidas com a formação integral das pessoas nas conexões digitais. Isso requer mais do que presença em plataformas: exige planejamento pastoral, aprofundamento crítico e abertura ao diálogo interdisciplinar.

A pastoral digital é chamada a dar um salto qualitativo para estar à altura de uma sociedade complexa, multiétnica, pluralista, multirreligiosa e multicultural, conforme menciona o Papa Francisco na mensagem para o Dia Mundial das Comunicações Sociais 2024.

Para isso, apresentamos algumas pistas que poderão ser incrementadas, considerando a realidade pastoral.

6.4.1. Incorporar o magistério ao planejamento pastoral

É necessário incluir nos planos pastorais o estudo e a reflexão sobre os documentos da Igreja relacionados à comunicação e à cultura digital: mensagens para o Dia Mundial das Comunicações, discursos pontifícios e dos dicastérios e o aprofundamento da temática da IA. Estes textos oferecem critérios sólidos para discernir e agir com responsabilidade cristã no ambiente digital.

- O que você sabe sobre os conteúdos, orientações do Magistério da Igreja, imprescindíveis para compreender, ser e exercer uma pastoral digital?

6.4.2. Promover formação permanente

Organizar encontros, seminários, mesas-redondas e cursos sobre IA e pastoral digital, com foco nos aspectos antropológicos, éticos e educacionais. A formação deve ser aberta à escuta dos diversos saberes, e não apenas teórica: é preciso criar espaços de partilha com catequistas, famílias, estudantes e profissionais da área tecnológica.

- Como são refletidos e discutidos os enfoques antropológicos, éticos, educacionais na pastoral que você exerce? São elas parte de reflexão no planejamento?

6.4.3. Partir do sentido da missão

Uma pastoral digital precisa entrar em diálogo com os diversos saberes, isto é, com as várias ciências, como demonstrou o Papa Francisco, criando e vivendo novos processos de diálogo com os diferentes contextos. No caso da IA, é preciso estar consciente de que não se trata só de instrumento, mas que toda a sua configuração é sistêmica, onde o ser humano corre o risco de ser absorvido. Por isso a IA é aceitável quando e na medida em que se promove o respeito da dignidade da pessoa humana.

- Em que medida a pastoral à qual você pertence, pontua, conversa sobre as inúmeras possibilidades que a IA oferece, e que a Igreja reconhece e leva em consideração, mas que recomenda buscar o equilíbrio se a IA está servindo realmente a pessoa, ou se o avanço tecnológico é simplesmente algo automático e prescinde de uma consciência crítica, baseada nos princípios que regem as atitudes cristã, os valores do Evangelho?

6.4.4. Fomentar o diálogo entre fé e ciência

A pastoral deve dialogar com a ciência e a técnica, reconhecendo as contribuições da IA sem deixar de lado o discernimento ético e a centralidade da pessoa. É preciso formar para o uso crítico da tecnologia, perguntando sempre se ela serve ao ser humano ou o subjuga.

6.4.5. Estabelecer redes de compartilhamento e aprendizagem

Criar grupos de leitura e partilha sobre temas digitais, com encontros presenciais e virtuais, favorecendo a criação de comunidades que se autoeducam e se acompanham. Essa troca fortalece a consciência crítica e gera corresponsabilidade.

6.4.6. Engajar atores do mundo digital

Envolver jovens, designers, professores, comunicadores e estudantes de tecnologia, convidando-os a refletir com a Igreja sobre as potencialidades e riscos da IA. Ouvir suas experiências e propor, com eles, pequenas iniciativas que nasçam da realidade local e possam inspirar projetos mais amplos.

6.4.7. Assumir a sabedoria do coração como critério pastoral

Inspirados na mensagem do Papa para o Dia Mundial das Comunicações de 2024, é preciso lembrar que a IA deve ser projetada para complementar as capacidades humanas, sem substituir o toque humano. O desafio é garantir uma "comunicação plenamente humana", que promova empatia, solidariedade e o bem comum.

6.4.8. Responsabilidade socioambiental

A pastoral digital também é chamada a integrar a perspectiva da ecologia integral, reconhecendo que o ambiente digital consome recursos naturais, energéticos e humanos. O discernimento responsável inclui refletir sobre o ciclo de vida dos dispositivos, os impactos ambientais da infraestrutura digital, e as consequências sociais da obsolescência programada. À luz de *Laudato Si'* e *Laudate Deum*, torna-se urgente formar comunidades que usem conscientemente as tecnologias, favorecendo a simplicidade, o cuidado com a criação e a justiça ambiental. Como expressão concreta, paróquias e dioceses podem promover campanhas de descarte responsável de eletrônicos, formação sobre os vínculos entre consumo digital e exploração de recursos naturais, e incentivo a práticas digitais sustentáveis.

6.4.9. Avaliar continuamente os rumos da pastoral digital

A missão digital exige uma consciência crítica contínua. Algumas perguntas podem orientar: A pastoral tem se apropriado do pensamento da Igreja sobre comunicação e IA? Há espaço para refletir sobre os critérios éticos das novas tecnologias? A missão está centrada na dignidade humana ou diluída em estratégias apenas técnicas?

Conclusão

A pastoral digital representa não apenas um novo campo de atuação, mas uma verdadeira mudança de paradigmas, como quisemos acentuar já no título. Ao longo deste livro, procuramos demonstrar que evangelizar no ambiente digital requer mais do que adaptação técnica: Tudo isso exige conversão pastoral, discernimento, criatividade missionária e profunda responsabilidade ética. Tudo isso exige mudança de mentalidade. A cultura digital nos desafia a rever modelos de presença, de linguagem, de escuta e de atuação. Ela demanda que a ação evangelizadora se realize a partir da vida concreta das pessoas que, cada vez mais, habitam os territórios digitais de modo existencial e contínuo.

O percurso desenvolvido nos capítulos procurou apresentar fundamentos para compreender esta mudança. Do esforço do magistério da Igreja em dialogar com os avanços tecnológicos – como demonstram os legados do Concílio Vaticano II e, neste caminho, o magistério de Francisco e, mais recentemente, as reflexões sobre a inteligência artificial. Estamos diante de uma exigência pastoral inadiável e o digital não é um apêndice da missão, mas parte integral do cenário onde ela se realiza.

A pastoral digital, como aqui proposta, baseia-se na dinâmica do sair, anunciar, habitar, educar e transfigurar, indicando que a presença da Igreja no ambiente digital precisa ser relacional. Trata-se de formar comunidades conscientes *onlife*, promovendo o discernimento digital e ajudando os fiéis a viverem em comunidade e com responsabilidade nas redes. É preciso ajudar as pessoas a reconhecerem, interpretarem e escolherem, à luz do Evangelho, os caminhos da verdade, da justiça e da solidariedade.

A esperança é que a pastoral digital se desenvolva como expressão concreta de uma Igreja missionária e sinodal, capaz de dialogar com todos, especialmente com os que estão à margem – inclusive no ambiente digital. Mas, ao mesmo tempo, é preciso que reconhecer os riscos e limites. Por isso é essencial atentar para questões como a pgroteção de dados, a cibersegurança, desinformação, discursos de ódio, ciber*bullying*, bem como os impactos sobre a saúde mental.

Por fim, este livro quer afirmar com clareza: o ambiente digital é lugar de graça, de escuta e de encontro. Nele a Igreja é chamada a fazer ressoar a Palavra, a promover uma comunicação humana e humanizante, a formar discípulos conscientes e críticos. Que esta obra possa inspirar comunidades, lideranças e agentes pastorais a se lançarem com coragem nesse novo areópago, confiantes de que o Espírito Santo continua guiando a Igreja também nas trilhas digitais da história.

Referências

AMMENDOLIA, Fortunato; PETRICCA, Riccardo. **Chiesa e pastorale digitale:** in uschita verso una società 5.0. Trapani: Il pozzo di Giacobbe, 2023.

BENTO XVI, Papa. **Mensagem do Papa Bento XVI para o 43º Dia Mundial das Comunicações Sociais**. Vaticano: Libreria Editrice Vaticana, 24 jan. 2009. Disponível em https://www.vatican.va/content/benedict-xvi/pt/messages/communications/documents/hf_ben-xvi_mes_20090124_43rd-world-communications-day.html. Acesso em 8 jun. 2025.

BENTO XVI, Papa. **Mensagem do Papa Bento XVI para o 44º Dia Mundial das Comunicações Sociais**. Vaticano: Libreria Editrice Vaticana, 24 jan. 2010. Disponível em https://www.vatican.va/content/benedict-xvi/pt/messages/communications/documents/hf_ben-xvi_mes_20100124_44th-world-communications-day.html. Acesso em 8 jun. 2025.

BENTO XVI, Papa**. Mensagem do Papa Bento XVI para o 45º Dia Mundial das Comunicações Sociais**. Vaticano: Libreria Editrice Vaticana, 24 jan. 2011. Disponível em https://www.vatican.va/content/benedict-xvi/pt/messages/communications/documents/hf_ben-xvi_ mes_20110124_45th-world-communications-day.html. Acesso em 8 jun. 2025.

CASTELLS, Manuel. **O poder da comunicação**. Tradução de Vera Lúcia Mello Josclyne. 5 ed. São Paulo/Rio de Janeiro: Paz e Terra, 2021, p. 67.

CONCÍLIO VATICANO II (1962-1965). **Constituição Pastoral *Gaudium et Spes*:** sobre a Igreja no mundo atual. [7 de dezembro de 1965] Disponível em: https://www.vatican.va/archive/hist_councils/ii_vatican_council/documents/vat-ii_const_19651207_gaudium-et-spes_po.html. Acesso em 8 jun. 2025.

CONCÍLIO VATICANO II (1962-1965). **Decreto *Inter Mirifica*:** sobre os meios de comunicação social. [4 de dezembro de 1963] Disponível em: https://www.vatican.va/archive/hist_councils/ii_vatican_council/documents/vat-ii_decree_19631204_inter-mirifica_po.html. Acesso em 8 jun. 2025.

CONSELHO EPISCOPAL LATINO-AMERICANO (2007). **Documento de Aparecida**: texto conclusivo da V Conferência Geral do Episcopado Latino-Americano e do Caribe. São Paulo: CNBB, Paulus, Paulinas, 2007.

CORAZZA, Helena; PUNTEL, Joana. **Os Papas da Comunicação** – Estudo sobre as mensagens do Dia Mundial das Comunicações Sociais. São Paulo: Ed. Paulinas, 2019.

DICASTÉRIO PARA A COMUNICAÇÃO. **Rumo à presença plena**: uma reflexão pastoral sobre a participação nas redes sociais. Brasília: Edições CNBB, 2023.

DICASTÉRIO PARA A DOUTRINA DA FÉ e DICASTÉRIO PARA A CULTURA E A EDUCAÇÃO. **Antiqua et Nova**. Nota sobre a relação entre a inteligência artificial e a inteligência humana. Vaticano: Libreria Editrice

Vaticana, 28 jan. 2025. Disponível em https://www.vatican.va/roman_curia/congregations/cfaith/documents/rc_ddf_doc_20250128_antiqua-et-nova_sp.html. Acesso em 8 jun. 2025.

FLORIDI, L. **The onlife Manifesto**: Being Human in a Hyperconnected Era. Springer Open, 2015.

FLORIDI, Luciano. **The Fourth Revolution**: How the Infosphere is Reshaping Human Reality. Oxford: Oxford University Press, 2014.

FLORIDI, Luciano. **The Philosophy of Information**. Oxford: Oxford University Press, 2011.

FRANCISCO, Papa. **Carta encíclica *Fratelli Tutti*** sobre a fraternidade e a amizade social. Vaticano: Libreria Editrice Vaticana, 3 out. 2020. Disponível em https://www.vatican.va/content/francesco/pt/encyclicals/documents/papa-francesco_20201003_enciclica-fratelli-tutti.html. Acesso em 8 jun. 2025.

FRANCISCO, Papa. **Carta encíclica *Laudato Si'***: sobre o cuidado da casa comum. Vaticano: Libreria Editrice Vaticana, 24 mai. 2015. Disponível em https://www.vatican.va/content/francesco/pt/encyclicals/documents/papa-francesco_20150524_enciclica-laudato-si.html. Acesso em 8 jun. 2025.

FRANCISCO, Papa. **Discurso do Papa Francisco à Cúria Romana na apresentação de votos natalícios**. Vaticano: Libreria Editrice Vaticana, 21 dez. 2019. Disponível em https://www.vatican.va/content/francesco/pt/speeches/2019/december/documents/papa-francesco_20191221_curia-romana.html. Acesso em mar. 2025.

FRANCISCO, Papa. **Discurso do Papa Francisco aos participantes no plenário da Pontifícia Academia das Ciências**. Vaticano: Libreria Editrice Vaticana, 23 set.

2024. Disponível em https://www.vatican.va/content/francesco/pt/speeches/2024/september/documents/20240923-plenaria-accademia-scienze.html. Acesso em 8 jun. 2025.

FRANCISCO, Papa. **Discurso do Papa Francisco na Sessão do G7 sobre Inteligência Artifical**. Vaticano: Libreria Editrice Vaticana, 14 jun. 2024. Disponível em https://www.vatican.va/content/francesco/pt/speeches/2024/june/documents/20240614-g7-intelligenza-artificiale.html. Acesso em 8 jun. 2025.

FRANCISCO, Papa. **Exortação Apostólica *Evangelii Gaudium***: sobre o anúncio do Evangelho no mundo atual. Vaticano: Libreria Editrice Vaticana, 24 nov. 2013. Disponível em https://www.vatican.va/content/francesco/pt/apost_exhortations/documents/papa-francesco_esortazione-ap_20131124_evangelii-gaudium.html. Acesso em 8 jun. 2025.

FRANCISCO, Papa. **Exortação Apostólica Pós-sinodal *Christus Vivit***: aos jovens e a todo o povo de Deus. Vaticano: Libreria Editrice Vaticana, 25 mar. 2019. Disponível em https://www.vatican.va/content/francesco/pt/apost_exhortations/documents/papa-francesco_esortazione-ap_20190325_christus-vivit.html. Acesso em 8 jun. 2025.

FRANCISCO, Papa. **Meditações matutinas na Casa Santa Marta, em 23 de outubro de 2015**. Disponível em https://www.vatican.va/content/francesco/pt/cotidie/2015/documents/papa-francesco-cotidie_20151023_os-tempos-mudam.html Acesso em maio de 2025.

FRANCISCO, Papa. **Mensagem de Sua Santidade Papa Francisco para o 50º Dia Mundial das Comunicações Sociais**. Vaticano: Libreria Editrice Vaticana, 24 jan.

2016. Disponível em https://www.vatican.va/content/francesco/pt/messages/communications/documents/papa-francesco_20160124_messaggio-comunicazioni-sociali.html. Acesso em 8 jun. 2025 (grifo nosso).

FRANCISCO, **Papa. Mensagem do Papa Francisco para a celebração do Dia Mundial da Paz**. Vaticano: Libreria Editrice Vaticana, 8 dez. 2023. Disponível em https://www.vatican.va/content/francesco/pt/messages/peace/documents/20231208-messaggio-57giornatamondiale-pace2024.html. Acesso em 8 jun. 2025.

FRANCISCO, Papa. **Mensagem do Papa Francisco para o LV Dia Mundial das Comunicações Sociais**. Vaticano: Libreria Editrice Vaticana, 23 jan. 2021. Disponível em https://www.vatican.va/content/francesco/pt/messages/communications/documents/papa-francesco_20210123_messaggio-comunicazioni-sociali.html. Acesso em 8 jun. 2025.

FRANCISCO, Papa. **Mensagem do Papa Francisco para o LVIII Dia Mundial das Comunicações Sociais**. Vaticano: Libreria Editrice Vaticana, 24 jan. 2024. Disponível em https://www.vatican.va/content/francesco/pt/messages/communications/documents/20240124-messaggio-comunicazioni-sociali.html. Acesso em 8 jun. 2025.

GUIMARÃES, Dom Joaquim Giovani Mol. Sopradores de brasas**. Cadernos Teologia Pública**. Ano XVII – Vol. 17 – Nº 149 – 2020. ISSN 2446-7650. Disponível em http://www.ihu.unisinos.br/images/stories/cadernos/teopublica/149cadernosteologiapublica.pdf. Acesso em mar. 2025.

HAN, Byung-Chul. **A sociedade da transparência**. Petrópolis: Vozes, 2017.

LEÃO XIV, Papa. **Audiência aos Membros do Colégio Cardinalício**. Vaticano: Libreria Editrice Vaticana,

10 mai. 2025. Disponível em https://www.vatican.va/content/leo-xiv/pt/speeches/2025/may/documents/20250510-collegio-cardinalizio.html. Acesso em 8 jun. 2025.

LEÃO XIV, Papa. **Audiência do Santo Padre Leão XIV aos agentes da comunicação**. Vaticano: Libreria Editrice Vaticana, 12 mai. 2025. Disponível em https://www.vatican.va/content/leo-xiv/pt/speeches/2025/may/documents/20250512-media.html. Acesso em 8 jun. 2025.

LEÃO XIV, Papa. **Vigília de Pentecostes com os movimentos eclesiais, as associações e as novas comunidades**. Vaticano: Libreria Editrice Vaticana, 7 jun. 2025. Disponível em https://www.vatican.va/content/leo-xiv/pt/homilies/2025/documents/20250607-veglia-pentecoste.html. Acesso em 8 jun. 2025.

OLIVEIRA NETO, Marcus *Túlio*. **Igreja em rede: análise comparativa das proposições dos papas Bento XVI e Francisco para a comunicação**. 2024. 136 f. Dissertação (Mestrado em Comunicação Social) – Programa de Pós-Graduação em Comunicação Social, Pontifícia Universidade Católica de Minas Gerais, Belo Horizonte, 2024.

PAULO VI, Papa. **Exortação Apostólica Pós-sinodal *Evangelii Nuntiandi***: sobre a evangelização no mundo contemporâneo. Vaticano: Libreria Editrice Vaticana, 8 dez. 1975. Disponível em https://www.vatican.va/content/paul-vi/pt/apost_exhortations/documents/hf_p-vi_exh_19751208_evangelii-nuntiandi.html. Acesso em 8 jun. 2025.

PUNTEL, Joana. **A comunicação nos passos de João Paulo II**. São Paulo: Ed. Paulinas, 2012.

PUNTEL, Joana. **Inter Mirifica** – texto e comentário. São Paulo: Ed. Paulinas, 2012.

SECRETARIA Geral do Sínodo dos Bispos. **XVI Assembleia Geral Ordinária do Sínodo dos Bispos** – Documento final – Por uma Igreja Sinodal: comunhão, participação e missão. São Paulo: Paulus e Paulinas, 2025.

editorasantuariooficial

Cadastre-se e receba nossas informações
paulinas.com.br
Telemarketing e SAC: 0800-7010081

Este livro foi composto com as famílias tipográficas Adelle e Optima
e impresso em papel Offset 70g/m² pela **Gráfica Santuário.**